COCHES
DEPORTIVOS

LA MEJOR GUÍA DEL MOTOR

COCHES
DEPORTIVOS

LA MEJOR GUÍA DEL MOTOR

Andrew Montgomery

Bath · New York · Singapore · Hong Kong · Cologne · Delhi
Melbourne · Amsterdam · Johannesburg · Auckland · Shenzhen

Copyright © Parragon Books Ltd

Todos los derechos reservados. Ninguna parte de esta obra puede ser reproducida, almacenada o transmitida de forma o medio alguno, sea éste electrónico, mecánico, por fotocopia, grabación o cualquier otro, sin la previa autorización escrita de los titulares de los derechos.

Copyright © de la edición en español:
Parragon Books Ltd
Queen Street House
4 Queen Street
Bath BA1 1HE, RU

Traducción del inglés: José Alberto Palomares Cuadra, con la colaboración de Antonio Vizcarra Aliaga, para LocTeam, S. L., Barcelona
Redacción y maquetación de la edición en español:
LocTeam, S. L., Barcelona

Créditos fotográficos en la página 256.

ISBN 978-1-4454-5331-6

Impreso en China

Printed in China

ÍNDICE

Introducción 9
La historia del deportivo 12
AC Ace 26
AC Cobra 27
Alfa Romeo Montreal 28
Alfa Romeo SZ 30
Allard J2 32
Alvis TE21 34
Aston Martin DB4 (Zagato) 35
Aston Martin DB9 Volante 36
Aston Martin Vanquish 38
Aston Martin V8 Vantage 40
Audi Quattro Sport 42
Austin-Healey 3000 43
Bentley Continental GT 44
Bentley R Type Continental 46
BMW 2002 Turbo 48
BWW 3.0 CSL 50
BMW 507 52
BMW M1 53
BMW Z8 54
Bristol 411 56

Bristol Fighter 58
Bugatti Veyron 60
Buick Roadmaster 61
Cadillac Allanté 62
Cadillac Eldorado 64
Caterham Seven 66
Chevrolet Corvette 68
Chevrolet Corvette C6 Z06 70
Chevrolet Corvette Roadster 72
Chevrolet Corvette Sting Ray 73
Chevrolet Corvette ZR1 74
Chrysler 300C 75
Chrysler C-300 76
Cisitalia 202 Gran Sport 78
Citroën SM 80
Daimler Double Six 82
Daimler SP 250/Dart 84
Datsun 240Z 86
DeLorean DMC 12 88
De Tomaso Pantera GTS 90

Dodge Viper 92
Excalibur SS 94
Facel Vega HK500 96
Ferrari 365 GTB/4 Daytona 97
Ferrari Dino 246GT 98
Ferrari Enzo 100
Ferrari F40 102
Ferrari 612 Scaglietti 104
Ferrari Testarossa 106
Fiat 8V 108
Fiat Dino 109
Ford Galaxie 500 110
Ford GT40 112
Ford Mustang 114
Ford Thunderbird 115
Gordon Keeble GK1 116
Honda NXS 118
Hudson Commodore 120

Iso Grifo 122
Iso Rivolta 124
Jaguar MKII 126
Jaguar XJ220 127
Jaguar XK 128
Jaguar XK120 130
Jaguar XKE E-Type 132
Jaguar XKR 134
Jensen CV8 135
Jensen FF 136
Jensen-Healey 138
Lagonda 139
Lamborghini Countach 140
Lamborghini Espada 142
Lamborghini Gallardo 143
Lamborghini Miura 144
Lamborghini Murcielago 146
Lancia Aurelia 148

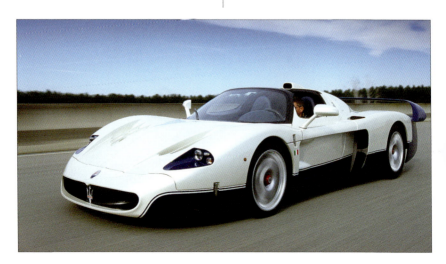

Lancia Delta Integrale 149	McLaren F1 174
Lancia Stratos 150	Mercedes 230SL 176
Lotus Elan 152	Mercedes 300SL 177
Lotus Elise 154	Mercedes McLaren SLR 178
Lotus Elite 155	MG A 180
Lotus Esprit 156	MG B 181
Lotus Europa 158	MG TC 182
Lotus Exige 160	MG TF 184
Lynx XKSS 162	Mini Cooper S 186
Maserati 3500GT 164	Monteverdi 375S 188
Maserati Bora 165	Morgan Aero 8 190
Maserati Ghibli 166	Morgan Plus 4 192
Maserati MC12 168	Morgan Plus 8 193
Maserati Quattroporte 170	Noble M12 GTO 194
Mazda RX-7 172	NSU RO80 196

Pagani Zonda C12 198
Panther J72 200
Panther DeVille 202
Pegaso Zonda 102 203
Plymouth Road Runner
    Superbird 204
Pontiac GTO 206
Porsche 356 208
Porsche 911 210
Porsche 928 212
Porsche 959 214
Porsche Turbo 215
Renault Alpine 216
Renault Alpine GTA 218
Rolls-Royce Camargue 220

Studebaker Avanti 222
Sunbeam Tiger 224
Tatra 603 225
Triumph TR2 226
Triumph TR6 228
Tucker 48 230
TVR Cerbera 232
TVR Griffith 233
TVR Sagaris 234
Vauxhall VX220 236
Volvo P1800S 238
Los automóviles a través
    de las décadas 240
Índice alfabético 252

INTRODUCCIÓN

Desde la invención del automóvil a finales del siglo XIX, el hombre ha competido siempre por fabricar modelos cada vez más rápidos y excitantes. No bastaba con ir de A a B, sino que tenía que hacerse lo más rápido posible y ofreciendo la experiencia de conducción más excitante posible. Con el paso de los años, los avances tecnológicos han logrado una mayor potencia, lo que, unido a la ciencia de la aerodinámica, ha permitido obtener un rendimiento cada vez mayor de los motores de automóvil, incluso en los vehículos de uso diario.

En sus inicios, antes de la Primera Guerra Mundial, los coches europeos eran carruajes suntuosos para personas adineradas, mientras que, en Estados Unidos, Henry Ford se afanaba para ofrecer mayor libertad a la gente de su país con el Modelo T. Esto ayudó significativamente a generar la movilidad social y económica que, ayudada por la caída de los antiguos imperios, hizo de Estados Unidos la nación más poderosa y dinámica del planeta.

Los «ruidosos años veinte» vieron nacer fabulosos coches de lujo pensados para apelar a la vanidad en todos sus aspectos, pero las marcas Hispano-Suiza, Isotta-Fraschini, Bentley, Bugatti, Marmon, Duesenberg, Auburn y Cord fueron destruidas por el *crack* de Wall Street.

La Segunda Guerra Mundial trajo consigo grandes avances tanto en el diseño como en el uso de nuevos materiales. Tras la guerra, América volvía a ponerse a la cabeza, mientras las economías europeas (por no hablar de la japonesa) se esforzaban por volver a ponerse en pie. Sin embargo, ya en los años sesenta no sólo habían logrado ponerse a su altura, sino que ponían en peligro los mercados locales de los tres grandes fabricantes estadounidenses. Desde entonces, los fabricantes de coches han afrontado fusiones, compras, colaboraciones y, con demasiada frecuencia, quiebras en su lucha por competir en un mercado voluble e inestable. Aunque no hace tanto parecía imposible que los fabricantes pudieran producir suficientes coches para satisfacer la demanda del público, ahora la superproducción masiva ha dado lugar a hectáreas de vehículos por vender y a descuentos de locura. Muchos fabricantes han perecido: Wolseley, Riley, Austin, Morris, Standard, Vanguard, Hillman, Sunbeam, Jensen y Jowett son sólo algunos de los fabricantes británicos que han desaparecido desde el final de la Segunda Guerra Mundial. El fabricante más antiguo de Estados Unidos, Oldsmobile, también ha desaparecido, y con él el legado del «Curved Dash Olds», el primer coche de fabricación en serie del mundo. En realidad, hoy en día sólo queda un puñado de fabricantes de automóviles independientes. Casi todas las grandes marcas son ahora vasallas de las grandes corporaciones globales: Ford, General Motors, Daimler-Chrysler, Citroen/Peugeot, Volkswagen y Fiat. Tanto Rolls-Royce como Bentley son propiedad de empresas alemanas, mientras que los todoterrenos de Mercedes y BMW se fabrican en Estados Unidos.

Esta conmemoración de los coches de alto rendimiento más excitantes de la era de la posguerra comprende más de 130 modelos distintos. Aquí están todos los iconos de mayor importancia, junto con algunos modelos inusuales. Cada uno de ellos es especial por su fantástico aspecto, sus increíbles prestaciones o su diseño pensado para disfrutar de la mejor conducción posible. Cada modelo se describe de forma detallada, con una espléndida fotografía en color, un cuadro de especificaciones y un interesante texto que contiene la información más importante. Los coches están ordenados por orden alfabético para que sea fácil localizar un modelo en particular, pero también se indica el año de fabricación para que puedan ubicarse en su contexto correspondiente.

Son muchas las razones por las que nos encantan los coches. Simbolizan quiénes somos, quiénes creemos ser o quiénes nos gustaría ser.

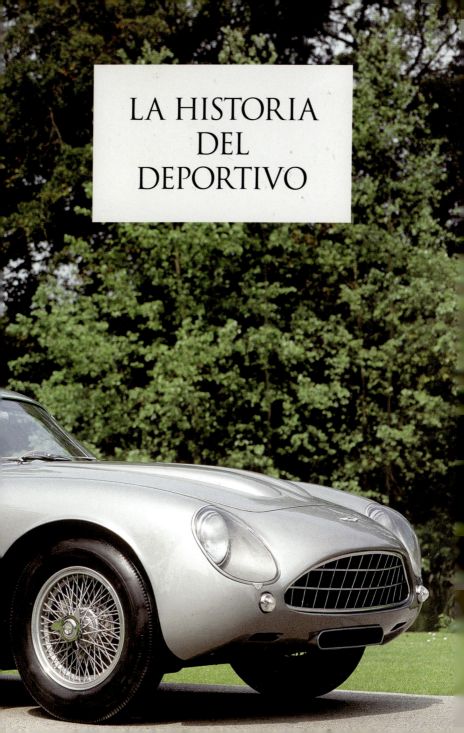

LA HISTORIA DEL DEPORTIVO

*¿*Cuál es el origen del primer deportivo? Seguramente sea el mismo que el del primer caballo de carreras. Al principio, el caballo se utilizaba sólo como medio de transporte o como bestia de carga, pero pronto la gente empezó a obtener placer de la sensación de aprovechar y controlar una potencia mucho mayor que la suya y de cubrir distancias por tierra más rápido que los demás. Era mera cuestión de tiempo que la reproducción selectiva se empleara para incrementar la velocidad y mejorar la agilidad, y de ese modo el caballo de tiro engendró al ganador del Derby, mientras que el Modelo T daría lugar al Mustang. Y no nos engañemos: todo sigue siendo cuestión de caballos de potencia.

Lo que encontramos aquí es el triunfo del rendimiento sobre el pragmatismo. No es necesario que los coches vayan más deprisa. En la actualidad, prácticamente todos los países tienen límites de velocidad. No obstante, son muy pocos los coches privados o incluso los vehículos comerciales que no son capaces de superar los límites legales, como es el caso, por supuesto, de cualquier deportivo. ¿Por qué sucede esto? Nos aferramos con fuerza a la promesa de potencia y rendimiento que nos brindan los deportivos. La velocidad es una droga: estimulante, adictiva y afrodisiaca. James Bond bebía martinis con vodka, fumaba cigarrillos hechos a mano y conducía un Aston Martin DB5. A pesar de que las tres cosas podían perjudicar seriamente la salud (y el bolsillo), hicieron todo lo contrario con su imagen.

En los primeros días del deporte del motor, los europeos continentales, sobre todo los franceses, tenían su propia manera de hacer las cosas. La primera competición de automóviles organizada formalmente entre los cerca de 130 km que distan de París a Rouen tuvo lugar en 1894 y estuvo patrocinada (como el famoso Tour de Francia de ciclismo, que se celebraría por primera vez casi una década más tarde) por un periódico: *Le Petit Journal*. El primero en cruzar la meta fue un motor de tracción a vapor, pero fue descalificado por una cuestión técnica, de manera que el premio de 5.000 francos recayó sobre un Peugeot, que había completado la carrera a una velocidad media de menos de 20 km/h. No obstante, se estableció un nuevo escenario para este deporte.

El primer deportivo real llegó en 1901 con la elegante forma del innovador Mercedes, cuya meta original era la de lograr un viaje rápido, en lugar de cómodo. Era un coche para conducir y no para ser conducido. Diseñado por Wilhelm Maybach, de

Arriba: El Mercedes 300SL de 1954, conocido como Mercedes Gullwing, fue uno de los coches de carretera más rápidos de su tiempo, con una velocidad punta de 250 km/h.

la empresa Daimler, el Mercedes fue bautizado con el nombre de la hija de diez años de un apreciado cliente y socio, Emile Jellinek. Presentaba un chasis de acero prensado de perfil bajo, un radiador en forma de nido de abeja refrigerado mediante un ventilador, válvulas de admisión mecánicas (que sustituían a las de tipo «atmosférico» que solían usarse en esa época) y un acelerador como es debido. El Mercedes era capaz de alcanzar las 60 millas por hora (95 km/h), la mágica y casi inimaginable velocidad de 1,5 km/minuto.

Al principio, la mayoría de los deportivos estaban animados por sencillos motores de válvulas laterales. El 1911 Alfonso Hispano-Suiza, diseñado por Marc Birkigt, utilizaba un motor de cuatro cilindros de 3,6 litros y alcanzaba unos respetables 110-120 km/h. El Vauxhall «Prince Henry» de 1912, diseñado por Laurence Pomeroy, estaba animado por un motor de válvulas laterales de 3 litros, capaz en teoría de alcanzar elevados regímenes de giro. El eficiente diseño del motor con doble árbol de levas en culata, que se sigue utilizando en la mayoría de los deportivos de hoy en día, fue presentado por primera vez por Peugeot en 1912.

El Vauxhall de 1913, con su motor «30/98» de 4,5 litros, era capaz de superar los 130 km/h en carretera, y al ponerse a punto para el circuito de carreras, podía llegar hasta unos increíbles 160 km/h. Ese modelo se convertiría en el estándar de los coches deportivos británicos de los años veinte. Durante este periodo, la recién creada obra maestra de W. O. Bentley, construida en el barrio londinense de Cricklewood, junto con el Sunbeam de Wolverhampton, se convirtió en el mayor rival de Vauxhall. El primer coche de Bentley, el 3 litros presentado en 1921, podía alcanzar los 145 km/h con una configuración para circular por carretera. Estaba impulsado por un motor de árbol de levas simple, una configuración que constituía un rasgo representativo del diseño de motores de avión desde la Primera Guerra Mundial. Bentley empezó a producir un modelo de 8 litros que podía superar las fugaces 100 millas por hora (160 km/h). Gracias en gran parte al apoyo económico por parte del extraordinariamente rico y excéntrico Woolf Barnato, Bentley dominó brevemente las carreras de coches, ganando las 24 horas de Le Mans en cinco ocasiones entre 1924 y 1930.

Abajo: El Bentley R-Type Continental de 1952, prototipo del que completó cinco vueltas al circuito de Le Mans a una velocidad media de 190 km/h.

Arriba: El Fiat 8V fue el primer deportivo de posguerra de la compañía. Fue concebido como un modelo de competición y se construyeron menos de 120 unidades antes de que la producción finalizara en 1954.

Los eventos de Gran Premio, en contrapartida, estaban dominados por los europeos continentales. Fiat y Alfa Romeo en Italia, Bugatti en Francia y Mercedes-Benz en Alemania fueron los principales competidores por la victoria en los Grandes Premios. Como sucede hoy día, las carreras mejoraban la raza, y los avances tecnológicos desarrollados para la competición acababan incorporándose a los diseños de los automóviles utilitarios. La innovación mecánica más significativa de este periodo fue el turbocompresor, que consiste básicamente en una bomba accionada por el motor que fuerza el paso del aire hacia los cilindros para lograr una combustión más eficaz. Presentado por primera vez en 1923 en el Fiat 805, el «turbo» fue una parte esencial de los coches de carreras hasta los años cincuenta. Además, los turbocompresores no tardaron en llegar también a los turismos. En 1931, el fabuloso Alfa Romeo 8C sobrealimentado, diseñado por Vittorio Jano, era capaz de alcanzar los 185 km/h sobre el asfalto. El Bugatti Type 55 podía alcanzar los 175 km/h y tenía sólo unos pocos retoques menos que un bólido de Gran Premio. En Alemania, el SSK de Mercedes-Benz estaba animado por un enorme motor sobrealimentado de 7,1 litros que podía superar fácilmente los 175 km/h.

En 1929, un recién llegado al mercado, Bayerische Motoren Werke ('fábricas bávaras de motores'), empezó a fabricar coches bajo la marca BMW. Anteriormente habían construido motores de avión (de ahí la insignia en forma de hélice) y motocicletas, y toda esa experiencia fue de inestimable ayuda a la hora de desarrollar coches de altas prestaciones. Los productos de BMW empezaron a ser cada vez más sofisticados y, en 1936, cuando se presentó el deportivo 328, hizo que casi todos los demás deportivos del momento quedaran inmediatamente obsoletos.

El 328 contaba con una aerodinámica carrocería con faros integrados, un motor con varillas cruzadas de 2 litros, dirección de piñón y frenos hidráulicos. Este biplaza era ligero y capaz de alcanzar los 150 km/h en carretera, mientras que las versiones de competición podían superar los 175 km/h. En contraste, el Aston Martin de 2 litros, habida cuenta de su exquisita fabricación y exclusividad, era también muy caro y contaba con un diseño, tanto externo como mecánico, que se remontaba a los años veinte. Una construcción mucho más pesada limitaba su velocidad máxima hasta poco más de 125 km/h.

En América, Ransom Eli Olds había sido el primer fabricante de automóviles en serie de Estados Unidos con su «carruaje sin caballos», el Oldsmobile Curved-Dash. Henry Ford quiso fabricar coches de carreras, pero acabó obteniendo la inmortalidad por ser el primer fabricante en serie de automóviles para las masas, con su magnificente «Tin Lizzy», el Modelo T. En los años veinte, América producía coches cuyo diseño y rendimiento rivalizaban seriamente incluso con la más sofisticada maquinaria europea. Mientras que Bentley seguía confiando en los grandes motores

Derecha: Al igual que el Modelo T, el Ford Mustang estaba construido pensando en la economía. El Mustang original se fabricaba casi íntegramente a partir de piezas ya existentes.

sobrealimentados de cuatro cilindros de carrera larga para producir lo que Ettore Bugatti describió acertadamente como «los camiones más rápidos del mundo», Cadillac estaba ocupada construyendo no uno sino dos V16, y Marmon estaba construyendo un tercero. El Stutz Bearcat dominó las carreras en pista oval y los Duesenberg de serie J lograron un nivel de prestigio y rendimiento que eclipsó brevemente incluso la oferta por parte de Rolls-Royce, Isotta-Fraschini y Bugatti. La Gran Depresión que siguió al *crack* de Wall Street en octubre de 1929 sumió en la desesperación a los fabricantes de muchos de los coches más hermosos y excitantes de América. Cadillac sobrevivió (como «el estándar del mundo») sólo porque formaba parte de la aparentemente indestructible General Motors Corporation.

Muchas marcas nobles británicas y continentales desaparecieron o quedaron reducidas a meras cifras durante los oscuros días de la Gran Depresión, pero, en los años treinta, surgió un fino hilo de luz en forma de la atractiva y asequible MG. La marca MG (Morris Garages) fue creada por Cecil Kimber, un diseñador con un talento formidable. Su M-type Midget tenía la parte posterior de forma tronco-cónica, estaba basado en el Morris Minor y animado por un pequeño motor de árbol de levas simple y 847 cm^3 de capacidad que apenas le permitía alcanzar 105 km/h, pero su coste era de sólo 175 libras. Su J2 de 1932 establecería los parámetros a seguir en el diseño de los coches deportivos

Abajo: En los sesenta, el MG B se convirtió en el deportivo más popular del mundo.

de los treinta años siguientes. El J2, una versión revisada del Midget, tenía un salpicadero ondulado, puertas recortadas, un depósito de gasolina plano y alerones envolventes. No sólo hizo las delicias de los entusiastas europeos, sino que también se ganó el corazón de los soldados americanos destacados en Inglaterra durante la Segunda Guerra Mundial.

Tras la Segunda Guerra Mundial, la mayoría de los fabricantes de coches sólo podían ofrecer modelos previos a la guerra, pero incluso éstos fueron recibidos con ansiedad por un público ávido de coches. Gran Bretaña mantuvo la fe en sus tradicionales biplazas descapotables, que ahora habían instaurado también un mercado estable en Estados Unidos, pero la Europa continental se dio cuenta de que las carrocerías cerradas tenían una mayor eficiencia aerodinámica. Muchos de los deportivos del continente presentaban una carrocería cupé. Además, Europa fue el hogar de dos nuevas marcas, Porsche y Ferrari, de las que surgirían algunos de los coches de mayores prestaciones de los años de posguerra. Enzo Ferrari comenzó la producción de su modelo 166 en 1948 y ese mismo año Ferry Porsche, hijo de Ferdinand, el padre de Volkswagen, construyó el legendario 356.

Gracias a la expansión económica americana de los años cincuenta, Gran Bretaña, su aliada más cercana, se convirtió en el mayor proveedor de coches rápidos para su vasto mercado. A los descapotables de Jaguar y MG se unieron el nuevo Austin-Healey y la renacida marca Triumph. La mayor parte de los Aston Martin y Bentley tomaron también rumbo a occidente, sumándose así a la moda de las exportaciones.

En 1953, en el amanecer de la nueva era isabelina en Gran Bretaña, América consiguió su propio deportivo de posguerra, el Chevrolet Corvette. Diseñado por el legendario Harley Earl y con una ingeniería de la mano del igualmente famoso Ed Cole, el Corvette presentaba unas líneas muy aerodinámicas y una carrocería en fibra de vidrio. En muchos aspectos, el coche era un anacronismo. Una empresa gigantesca que fabricaba 1.300 millones de coches familiares al año no sacaría partido de producir una pequeña cantidad de automóviles hechos a mano, pero Harley Earl era un entusiasta de los coches y creó un deportivo basado en la mecánica existente que sería aclamado internacionalmente. El primer modelo estuvo muy lejos de conseguir su objetivo, pero por suerte captó la atención de compradores americanos y sobrevivió para poder lograr cosas mucho mejores. Ford no se quedaría atrás: en 1955, presentó el deportivo biplaza Thunderbird como competidor indirecto del Corvette, incluyendo un V8 como es debido en contraposición al anticuado «Stovebolt Six» de seis cilindros del Corvette. El T-bird podía parecer demasiado grande y descuidado para un deportivo según los estándares europeos, pero en Estados Unidos se trataba de un gran coche, con un diseño magnífico, un nombre ideal y, además, totalmente americano.

En los años sesenta, las ventas de coches rápidos se dispararon a medida que la primera generación de posguerra alcanzaba la edad apta para comprar un coche. Gran Bretaña se mantuvo fiel al biplaza descapotable y Europa lo hizo al cupé, pero Estados Unidos seguía aprovechando la sorprendente y cada vez mayor potencia del poderoso motor V8, dando lugar a modelos de increíble éxito como el Ford Mustang. Sin embargo, dicha expansión se detuvo en seco a principios de los setenta, al estallar la guerra árabe-israelí de 1973. De la noche a la mañana, el precio del petróleo se disparó y el consiguiente aumento del precio de la gasolina, sumado a un límite de velocidad de 90 km/h y a la amenaza del racionamiento del combustible, hizo que mucha gente se lo pensara dos veces antes de comprar un glotón motor de gasolina de 7 litros. Este vuelco afectó especialmente a Gran Bretaña y pareció llegar el fin para muchos deportivos. A pesar del continuo aumento en el precio del combustible llegó el turbocompresor y el «turbo» hizo su reaparición en los ochenta, tras un letargo de cincuenta años. Aunque antaño sólo lo utilizaban los coches de carreras, ahora aparecía en los modelos de más alta gama de los principales competidores, como Mercedes, Ford y Volkswagen.

¿Adónde llegaremos en el futuro? ¿Y en qué vehículo? A principios de los años veinte, el indómito Alfred P. Sloan emitió un memorando para el personal veterano de General Motors en el que afirmaba que el diseño básico del automóvil, en términos de ingeniería, ya estaba consolidado, de modo que era poco probable que cambiase de forma radical. Tenía razón y en muchas maneras no lo ha hecho. Por muy rápido que pueda llegar a ser un coche, existen límites de velocidad y restricciones de seguridad que lo retienen. Seguramente las nuevas tecnologías nos brinden motores más limpios y eficientes, y una generación más preocupada por el medio ambiente empezará a decantarse por los combustibles poco (o nada) contaminantes. Pase lo que pase, los coches deportivos seguirán siendo un elemento de elección personal y seguiremos sintiéndonos atraídos por la velocidad.

Izquierda: El Chevrolet Corvette Sting Ray, un clásico deportivo americano presentado en 1963.

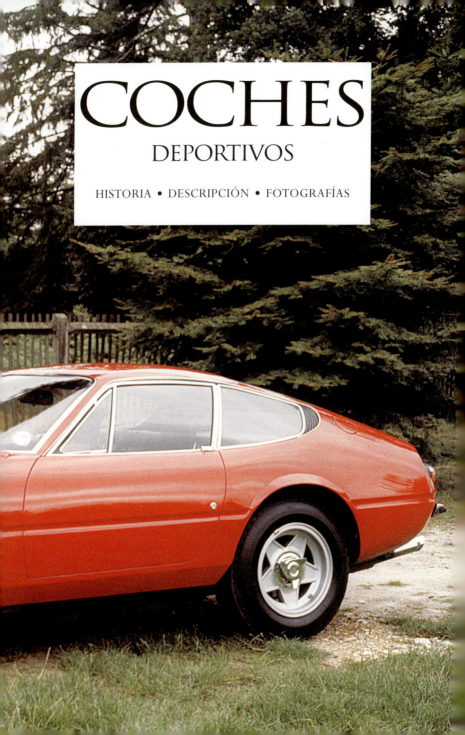

COCHES
DEPORTIVOS

HISTORIA • DESCRIPCIÓN • FOTOGRAFÍAS

AC ACE 1953

AC Cars tomó el nombre de su primer producto, el AutoCarrier de tres ruedas de 1908. Llegados los cincuenta, sin embargo, las cosas se habían puesto algo más emocionantes en la localidad ribereña de Thames Ditton. El AC Ace se inspiraba en los majestuosos coches de carreras con motores Bristol de John Tojeiro. Construido en torno a un chasis integrado con un diseño que recordaba al del Ferrari 166 Barchetta, sus prestaciones eran tan rotundas como su aspecto. Una gama de motores Bristol basados en unidades BMW se ofrecieron como alternativas al motor de seis cilindros y 2 litros de AC, todos ellos con transmisión de cuatro velocidades. En 1955 se presentó una versión cupé cerrada, el Aceca, mientras que en 1960 llegaría el Greyhound, un modelo más civilizado (aunque no lo suficiente aún) con una batalla algo más larga y una sofisticada suspensión delantera independiente. El cambio de Bristol a los motores V8 americanos amenazó inicialmente con la extinción del Ace, pero serían esos mismos motores los que acabarían haciéndolo inmortal, como en el caso del Cobra.

Motor:	(Bristol 100D) Posición frontal, seis cilindros en línea	**Potencia:**	120 CV a 6.000 r.p.m.
		Velocidad punta:	185 km/h
Capacidad:	1.971 cm³	**Aceleración:**	De 0 a 96 km/h en 9,2 segundos

AC COBRA 1962

Sin lugar a dudas uno de los coches más icónicos y verdaderamente legendarios jamás construido, el AC Cobra nació de la tradición inglesa y la innovación americana. Carroll Shelby había disfrutado de una espectacular carrera como piloto, ganando en Le Mans con Roy Salvadori a los mandos de un Aston Martin DBR1 en 1959. Al año siguiente, no obstante, se le diagnosticó una afección cardiaca y decidió concentrarse en construir un coche que acabara con el dominio de Ferrari en las pistas. Gracias a un sonoro Ford V8 de 4,7 litros montado en un chasis AC Ace, a una suspensión reforzada y a la incorporación de unas enormes llantas, Shelby, en colaboración con Charles Hurlock, de AC, produjo una obra maestra capaz de alcanzar velocidades por encima de los 250 km/h. Sorprendentemente, estos monstruos fueron probados regularmente en carreteras públicas por pilotos de carreras locales como John Hodges. El sueño de Shelby se hizo realidad en 1964 cuando el Cobra finalmente derrotó al casi mítico Ferrari GTO en Le Mans.

Motor:	Posición frontal, V8	**Velocidad punta:**	220 km/h
Capacidad:	4.727 cm^3	**Aceleración:**	De 0 a 96 km/h
Potencia:	300 CV a 5.700 r.p.m.		en 5,6 segundos

ALFA ROMEO MONTREAL 1970

Para celebrar la Exposición Mundial de Montreal de 1967, Alfa Romeo produjo un prototipo diseñado por Bertone. Como la mayoría de propuestas de diseño, recibió muchas muestras de admiración, pero nadie esperaba que se ofreciera al público. Sin embargo, así lo hizo en 1970, impulsado por un ligero motor V8 de 2,6 litros que era una versión con menos prestaciones del motor utilizado por Carlo Chiti en el coche de carreras Alfa 33. A pesar de su casta, la inyección de gasolina hacía que el coche fuera más dócil en ciudad, mientras que sus componentes dinámicos, procedentes de una gama de sedán de fabricación en serie de Alfa y combinados con una fabulosa transmisión de cinco velocidades, ofrecían un excelente comportamiento a alta velocidad. Nadie trató de aparentar que el Montreal fuera nada más que un biplaza, y sigue siendo una joya desconocida para la mayoría. Un gran turismo de estilo clásico, con deliciosos detalles de diseño y respiraderos estriados en los laterales cuya forma se reflejaba también en las cubiertas de los faros delanteros escamoteables.

Motor:	Posición frontal, V8
Capacidad:	2.593 cm^3
Potencia:	200 CV a 6.500 r.p.m.
Velocidad punta:	225 km/h
Aceleración:	De 0 a 96 km/h en 7,1 segundos

ALFA ROMEO SZ 1989

La distinguida historia de Alfa Romeo se remonta hasta antes de la Primera Guerra Mundial. La envidiable reputación de la compañía se basa en una combinación de prestaciones y estilo, dos cualidades que quedan bien patentes y definidas a través del SZ. Animado por un fantástico motor V6 de aleación y 3 litros de capacidad de Alfa, con su característica transmisión con transeje y componentes dinámicos derivados de versiones de competición de la berlina 75, este modelo de producción limitada (1.000 cupés y 800 descapotables) ofrece todo lo que un conductor puede desear y mucho más. La entrega de la potencia es suave, progresiva y parece no tener fin. Además, con una distribución del peso casi perfecta, el agarre es verdaderamente asombroso. Envuelto en una carrocería alarmantemente angulosa diseñada por Zagato, el SZ logra atraer las miradas incluso estando detenido. Una gloriosa yuxtaposición de aparentes contradicciones, el SZ posee tanto un aspecto brutal como una genial calidad de conducción: un verdadero clásico de una larga estirpe de deportivos.

Motor:	Posición frontal, V6
Capacidad:	2.959 cm^3
Potencia:	210 CV a 6.200 r.p.m.
Velocidad punta:	250 km/h
Aceleración:	De 0 a 96 km/h en 6,8 segundos

ALLARD J2 1949

La compañía de Sidney Allard, con sede en Clapham, al sur de Londres, había construido modelos de carreras especiales en el periodo de entreguerras y en 1946 presentó un deportivo descapotable muy básico, el K1. Dicho modelo vendría seguido de una sucesión de variantes que poco a poco se volverían más refinadas y que culminarían con la berlina P1 con la que Allard ganó el *rally* de Montecarlo en 1952. El J2, no obstante, representó lo que bien podrían considerarse los principios básicos de Allard. La carrocería se había simplificado en la medida de lo posible (guardabarros, puertas desmontables, deflectores opcionales, etc.), mientras que los motores V8 americanos, con una capacidad y potencia cada vez mayores, le permitían obtener las máximas prestaciones. Las más famosas de la línea fueron las versiones con motor Cadillac de principios de los cincuenta. Contaban con una transmisión de tres velocidades y podían superar los 130 km/h en la marcha más larga, dejando atrás a coches como el Jaguar XK120. Se construyeron más de 200 unidades y su producción cesó en 1964, aunque se ha anunciado un modelo conmemorativo del 50.º aniversario y ya se aceptan pedidos.

MOTOR:	Posición frontal, V8
CAPACIDAD:	5.424 cm^3
POTENCIA:	160 CV a 4.000 r.p.m.
VELOCIDAD PUNTA:	210 km/h
ACELERACIÓN:	De 0 a 96 km/h en 7 segundos

ALVIS TE21 1966

El atractivo Alvis, modelo arquetípico de Gentleman's Motor, surgió a raíz del 10/30 de 1920. Desde mucho antes, la compañía había construido coches que ofrecían altas prestaciones con una total fiabilidad, e introdujo innovaciones como la tracción delantera. El Silver Eagle y el Crested Eagle de la compañía, producidos ambos en los años treinta, eran atractivos y, a pesar de su sólida construcción, también rápidos. Durante la Segunda Guerra Mundial, Alvis produjo una gama de vehículos militares, una línea que con el tiempo llegaría a eclipsar a sus automóviles civiles. Los años cincuenta vieron una sucesión de refinados descapotables y berlinas deportivas (cabe destacar los modelos TB y «Grey Lady»), en los que el confort y la calidad de construcción seguían prevaleciendo sobre un diseño llamativo. Esta filosofía se mantuvo en los sesenta con el TD21, el TE21 y el TF21, este último construido ya bajo la supervisión de British Leyland, después de que Rover adquiriera la compañía en 1965. Su majestuosa aunque deportiva carrocería, disponible en versión cupé tanto cerrada como descapotable, estaba inspirada en los carroceros suizos Graber y complementada por la belleza y el suave funcionamiento de un motor de triple carburador y seis cilindros.

Motor:	Posición frontal, seis cilindros en línea	**Potencia:**	150 CV a 4.750 r.p.m.
		Velocidad punta:	195 km/h
Capacidad:	2.993 cm³	**Aceleración:**	De 0 a 96 km/h en 8 segundos

ASTON MARTIN DB4 (ZAGATO) 1961

Diseñada por Carrozzeria Touring, de Milán, la curvilínea carrocería del DB4, de paneles de aluminio sobre una estructura de acero tubular, era muy ligera y se construía con licencia en la propia fábrica de Aston Martin en Newport Pagnell. Su potencia provenía de un nuevo motor de aleación con doble árbol de levas en culata y seis cilindros. El DB4 causó sensación en el Salón del Automóvil de París y se convirtió en el modelo más vendido en la historia de la compañía. Más tarde aparecería una versión Vantage más potente, junto con un elegante descapotable Volante, pero la encarnación definitiva del DB4 fue el brutal GT diseñado por Zagato de 1961. Sólo se construyeron 19 unidades de estas versiones especiales de menor batalla, capaces de acelerar de 0 a 96 km/h en 6 segundos y de superar los 260 km/h, unas prestaciones sensacionales para la época e impresionantes incluso hoy en día. El DB4 fue sustituido por el DB5 en 1964. El DB5 contaba con todas las ventajas de su predecesor, a las que se sumaba el honor de ser el modo de transporte favorito de James Bond. El DB6 de 1966 era más grande y pesado, e incluía una parte trasera Kamm, abandonando así las técnicas de construcción de sus ilustres predecesores.

Motor:	Posición frontal, seis cilindros en línea	**Potencia:**	240 CV a 5.500 r.p.m.
		Velocidad punta:	225 km/h
Capacidad:	3.670 cm³	**Aceleración:**	De 0 a 96 km/h en 9,3 segundos

ASTON MARTIN DB9 VOLANTE 2006

El Aston Martin DB9 fue concebido como un cupé y como un descapotable: el Volante. El estilo de esta nueva contribución a la gama empleaba el modelado por ordenador para incluir en el diseño zonas de alta presión invisibles que pudieran resistir los impactos a baja velocidad (los parachoques son invisibles y la placa de matrícula forma parte de la estructura antigolpes). En caso de vuelco, aparecen aros protectores desde detrás de los reposacabezas traseros. Sus singulares puertas de «ala de cisne» se elevan en un ángulo de 12 grados para facilitar el acceso. El interior está tapizado a mano en madera y cuero e incluye una completa variedad de ayudas tecnológicas para satisfacer incluso a los conductores más tecnófilos. A pesar de que no distrae la atención, incluso la pantalla del sistema de navegación por satélite se oculta cuando no se utiliza. Sólo hace falta pulsar un botón para, en apenas 17 segundos, elevar o bajar la capota. En el corazón del DB9 late un motor V12 de aluminio y 6 litros de capacidad, que le dota de una velocidad punta de 300 km/h. El motor se instala lo más atrás posible para lograr que el coche tenga un equilibrio soberbio.

Motor:	Posición frontal media, V12
Capacidad:	5.935 cm^3
Potencia:	450 CV a 6.000 r.p.m.
Velocidad punta:	300 km/h
Aceleración:	De 0 a 96 km/h en 4,9 segundos

ASTON MARTIN VANQUISH 2001

Cuando Aston Martin pasó a ser propiedad de Ford en 1987, obtuvo los fondos necesarios para devolver la marca a la posición que le correspondía como marca de coches de las más altas prestaciones, junto con la voluntad para lograr dicha meta que aportaba el presidente de Ford, J. Nasser. En un momento de malestar para la industria del motor, Nasser tuvo el coraje y la visión de futuro necesarios para respaldar el proyecto Vanquish. La división de carreras Cosworth de Ford produjo el motor V12, combinando dos motores Montego V6 en un mismo cigüeñal. Aunque su estilo recuerda a los DB de los años cincuenta y sesenta, los materiales del vehículo son todos de última vanguardia. El túnel de transmisión está hecho de fibra de carbono y los paneles de la carrocería son de aluminio extruido. La potencia del V12 del Vanquish se transmite a través de una caja de cambios de seis velocidades que puede funcionar en modo manual o en modo totalmente automático. A pesar del diseño tradicional con motor frontal y tracción trasera de Aston, el coche es de nuevo un competidor a la altura de los mejores modelos italianos y alemanes.

MOTOR:	Posición frontal, V12
CAPACIDAD:	5.925 cm³
POTENCIA:	460 CV a 6.500 r.p.m.
VELOCIDAD PUNTA:	315 km/h
ACELERACIÓN:	De 0 a 96 km/h en 4,8 segundos

Coches deportivos

ASTON MARTIN V8 VANTAGE 2006

La prosperidad para Aston Martin está ligada al nuevo V8 Vantage, cuyo precio se espera que atraiga a toda una serie de clientes de éxito que, de lo contrario, aspirarían a hacerse con un Porsche 911. Al igual que sus otros modelos, la carrocería del V8 Vantage está fabricada a mano en la sede de la compañía en Gaydon (Inglaterra). El Vantage está impulsado por un motor V8 de 4,3 litros de la propia Aston Martin, empleado por primera vez en la berlina DBS V8 de 1969, que le brinda la potencia que necesita un verdadero supercoche. La disposición frontal, centrada y a baja altura del motor dentro de la carrocería (gracias a su combinación con un sistema de lubricación por cárter seco), le proporciona un bajo centro de gravedad que hace que el coche esté bien equilibrado y sea fácil de controlar. En principio, sólo está disponible con una caja de cambios manual de seis velocidades, pero pronto contará con un cambio automático accionado por levas. En el interior, tanto el conductor como los pasajeros se sientan en una posición baja, lo cual provoca lo que Aston Martin denomina «una sensación especial que normalmente sólo se experimenta en los coches de carreras». Su suntuoso interior incluye guarnecido de aluminio, cuero cosido a mano y distintos revestimientos en madera.

Motor:	Posición frontal centrada, V8
Capacidad:	4.280 cm^3
Potencia:	380 CV a 7.300 r.p.m.
Velocidad punta:	280 km/h
Aceleración:	De 0 a 96 km/h en 4,9 segundos

AUDI QUATTRO SPORT 1980

Audi se ha labrado una reputación de diseño innovador e ingeniería de nivel superior. El eslogan publicitario de la compañía, «Vorsprung durch Technik» ('progreso a través de la tecnología'), es probablemente la frase en alemán más conocida fuera del mundo germanoparlante, y lo es por razones bien fundadas. Audi produjo el primer coche capaz de superar la barrera de los 400 km/h y los Audi han conseguido los tres primeros puestos en Le Mans. Sin embargo, el motor de cinco cilindros en torno al cual estaba construido el Quattro original era una venerable unidad de furgoneta diésel, aunque su solidez y suavidad a alta velocidad lo convirtieron en objeto de admiración al combinarse con el sistema de tracción a las cuatro ruedas del VW Iltis, un vehículo militar. Muy pronto se explotaría el potencial del coche para el mundo del *rally*, sobre todo en manos de Hannu Mikkola y Stig Blomqvist, y de esa forma se aseguraría un lugar en la historia de la automoción. Los modelos de fabricación en serie ofrecían turbocompresores y frenos ABS, a la par que el nombre Quattro se convertía en sinónimo de un sistema de tracción a las cuatro ruedas que ofrecía mejores prestaciones y mayor seguridad.

Motor:	Posición frontal, cinco cilindros en línea	**Potencia:**	200 CV a 5.500 r.p.m.
Capacidad:	2.144 cm³	**Velocidad punta:**	220 km/h
		Aceleración:	De 0 a 96 km/h en 7,1 segundos

AUSTIN-HEALEY 3000 1964

El Austin-Healey 3000 MkIII fue el último de una línea que definió el deportivo inglés «de pelo en pecho». Este noble linaje comenzó en 1952 con la presentación del Healey 100 (en la fotografía), impulsado por el motor Austin A90 Atlantic. Donald Healey había logrado, frente a la férrea oposición de MG y Jensen, construir un deportivo basado en piezas de British Motor Corporation que fuera del agrado de sir Leonard Lord, a la sazón director de BMC. Finalmente, se autorizó la fabricación de los vehículos en las enormes instalaciones de BMC en Longbridge. Healey convirtió el coche en un serio competidor, tanto en la carretera como por sus resultados financieros. Los trabajos realizados para las versiones de *rally* y de carreras se llevaron a cabo en la fábrica de MG en Abingdon, y cosechó un tremendo éxito en el rally de Montecarlo o Targa Florio, entre otros. Eran muy rápidos y muy ruidosos (y en sus puestos de conducción se pasaba mucho calor), pero eran todo lo que se esperaba de un deportivo. La versión definitiva incorporaba un sólido motor de camión Austin de seis cilindros y 3 litros de capacidad. Por desgracia, las cada vez más estrictas leyes de Estados Unidos acabaron con el mercado de exportación de los Big Healey y su producción se detuvo en 1968.

Motor:	Posición frontal, seis cilindros en línea	**Potencia:**	148 CV a 5.250 r.p.m.
		Velocidad punta:	195 km/h
Capacidad:	2.912 cm³	**Aceleración:**	De 0 a 96 km/h en 7,5 segundos

BENTLEY CONTINENTAL GT 2000

A pesar de los esfuerzos por revitalizar una gama de modelos que representaba más de tres décadas de rediseño y perfeccionamiento, a finales de los noventa Bentley no era más que una sombra de lo que había sido. En 1997, Rolls-Royce Motor Cars fue puesta en venta por Rolls-Royce plc, la empresa de motores para aviación que conservaba los derechos de uso del nombre y el logotipo de Rolls-Royce. Finalmente, VW ganó la puja a BMW y Bentley, la filial del «mejor coche del mundo» (sin nombre), junto con sus propiedades y una plantilla de incomparable habilidad, pasó a manos germanas. BMW acabaría haciéndose con los derechos sobre el nombre y la insignia de Rolls-Royce, a cambio de 40 millones de libras. A continuación, llegaría el proyecto BY614: el MSB (Mid-Sized Bentley, 'Bentley de tamaño medio'). Se trataba de un cambio radical de perspectiva respecto a lo realizado anteriormente. A pesar de compartir su motor de 12 cilindros en W con el incomprensible VW Phaeton, el Continental GT es un coche del que W. O. Bentley se sentiría inmensamente orgulloso.

Motor:	Posición frontal, W12
Capacidad:	6.000 cm^3
Potencia:	552 CV a 6.100 r.p.m.
Velocidad punta:	320 km/h
Aceleración:	De 0 a 96 km/h en 4,7 segundos

BENTLEY R TYPE CONTINENTAL 1952

Rolls-Bentley (las dos compañías se habían fusionado en 1931) había desarrollado un vehículo gran turismo antes de que estallara la Segunda Guerra Mundial. Tras el cese de las hostilidades, el proyecto resucitó, pero ahora era necesario ofrecer un coche muy diferente para un mundo muy distinto. La austeridad en tiempos de guerra había despertado un comprensible rechazo hacia el despilfarro: la era del Sedanca de Ville había quedado atrás. El nuevo Bentley tendría que combinar comedimiento y eficiencia con lujo y prestaciones. Y así lo hizo. Desarrollado a partir del relativamente banal MkVI de 1946, el motor de seis cilindros y 4,5 litros de capacidad del R Type vio aumentada su compresión y rediseñado su sistema de escape, con el fin de brindar suficiente potencia para impulsar el prototipo de Continental por el circuito de Le Mans a una velocidad media de casi 195 km/h durante más de cinco vueltas. La carrocería tipo *fastback*, diseñada por H. J. Mulliner, logró un equilibrio preciso entre aspecto y funcionalidad. De ese modo, el Bentley Continental se convertiría en un vehículo dotado de una gran elegancia sin recurrir a la ostentosidad.

MOTOR:	Posición frontal, seis cilindros en línea
CAPACIDAD:	4.566 cm³
POTENCIA:	172 CV
VELOCIDAD PUNTA:	195 km/h
ACELERACIÓN:	De 0 a 96 km/h en 13 segundos

BMW 2002 TURBO 1972

El BMW 2002 Turbo fue el primer turismo europeo sobrealimentado. El turbocompresor KKK hizo sentir su presencia con una velocidad de giro de 4.000 r.p.m., pudiendo impulsar el cupé fabricado en fibra de vidrio hasta velocidades fantásticas y logrando un excelente índice de aceleración. El sofisticado paquete de suspensión rebajada era más que capaz de soportar su elevada potencia en la mayoría de circunstancias, pero es indudable que el 2002 Turbo era un coche con unas características de conducción excitantes. La carrocería blanca, con sus bandas *Go-Faster*, alerones adhesivos y la palabra *Turbo* escrita de forma que pudiera leerse correctamente en un espejo retrovisor, hacían que este coche de altísimas prestaciones pareciera haber sido personalizado por un aficionado al *tuning*. Los interiores eran teutónicamente funcionales y el coche no estaba pensado para entornos urbanos. Esto, sumado a la crisis del petróleo de 1973, hizo que la producción se restringiera a 1.672 unidades. Esto lo convirtió en un modelo más raro que el 507, aunque quizá no tan atractivo.

Motor:	Posición frontal, V8
Capacidad:	1.990 cm³
Potencia:	170 CV a 5.800 r.p.m.
Velocidad punta:	210 km/h
Aceleración:	De 0 a 96 km/h en 8,8 segundos

BMW 3.0 CSL 1973

Los elegantes y sofisticados cupés de BMW de los setenta, en realidad, provenían de un diseño que se remontaba a mediados de los sesenta: el 2000 CS. A pesar de compartir plataforma con una aburrida gama de berlinas BMW, los cupés con carrocería diseñada por Karmann eran radicalmente distintos y anticipaban el aspecto más anguloso que caracterizaría a esa década. Los CSL fueron el resultado del creciente interés de BMW por las carreras. De este modo, se redujo drásticamente su peso y fueron preparados para su uso en competición. Se trataba de coches de fábrica que incluían culatas de 24 válvulas y que eran capaces de desarrollar más de 350 CV de potencia. Los ejemplos posteriores incorporaban grandes alerones traseros para mejorar la estabilidad a alta velocidad. Su impactante aspecto se combinaba con unas asombrosas prestaciones, y el dominio del modelo en su categoría de competición fue absoluto. El CSL, junto con el CS y el CSi, siguieron fabricándose hasta la presentación de los cupés de la Serie 6 en 1975. No obstante, siguen siendo coches muy atractivos que resulta un placer conducir.

Motor:	Posición frontal, seis cilindros en línea
Capacidad:	3.003 cm^3
Potencia:	200 CV a 5.500 r.p.m.
Velocidad punta:	225 km/h
Aceleración:	De 0 a 96 km/h en 7,3 segundos

BMW 507 1956

Aunque sólo se construyeron 250 unidades, el 507 sigue siendo uno de los coches más evocadores producidos jamás por Bayerische Motoren Werke. Es uno de los descapotables definitivos, con unas raíces basadas en la berlina 501, que, a su vez, era una evolución de los modelos BMW de seis cilindros y 2 litros de la preguerra. La llegada en 1954 de un V8 de 2,5 litros y excelente diseño en aluminio abrió el camino para esta obra maestra, diseñada por el conde Albert Goetz. El estudio de Goetz se encontraba en Nueva York y, abandonando totalmente el «estilo de la casa» de BMW, produjo un deportivo de batalla corta y perfil bajo cuya apariencia ha influido en el aspecto de este tipo de vehículos hasta nuestros días. El BMW Z8 rememora los fabulosos años cincuenta a través de sus deliberadas referencias al 507, siendo su imitación la forma más sincera de alabarlo. No obstante, el aspecto del 507 es bastante difícil de mejorar, y su comportamiento y prestaciones eran también impresionantes para su tiempo. Por desgracia, su producción era lenta y el coche resultaba excesivamente caro –más del doble del precio de un Jaguar XK150–, lo cual provocó que nunca fuera demasiado popular, sobre todo en el mercado americano.

Motor:	Posición frontal, V8	**Velocidad punta:**	200 km/h
Capacidad:	3.168 cm³	**Aceleración:**	De 0 a 96 km/h
Potencia:	150 CV a 5.000 r.p.m.		en 8,8 segundos

BMW M1 1978

El M1 es una auténtica cenicienta que, a pesar de ser bella, capaz y admirable, nunca llegó a ir al baile. Los antecedentes de este modelo son todos de primer orden: diseñado por Ital Design, era un ejemplo vivo de simplicidad funcional y elegante, moldeado en fibra de vidrio incorruptible y ligera. La construcción del complejo chasis tubular del coche se confió inicialmente a Lamborghini, pero acabó en manos alemanas tras una serie de retrasos inaceptables. Para cuando el coche pudo entrar en competición, que era claramente su principal propósito, se trataba ya de un diseño anticuado. Las esperanzas de los aficionados de que superara a Porsche en las carreras de Grupo 5 nunca se harían realidad, pero al menos BMW había producido un verdadero supercoche para la carretera. La potencia corría a cargo del probado motor de seis cilindros y 3,5 litros de la compañía, igual al empleado en el cupé 635 CSi, pero que utilizaba un doble árbol de levas en culata y cuatro válvulas por cilindro que incrementaba significativamente su potencia. Se produjeron cuatrocientas unidades de carretera, cada una de ellas de inigualable belleza y capaces de alcanzar altísimos niveles de prestaciones manteniendo una perfecta estabilidad.

MOTOR:	Posición central, seis cilindros en línea	**POTENCIA:**	277 CV a 6.500 r.p.m.
		VELOCIDAD PUNTA:	265 km/h
CAPACIDAD:	3.453 cm³	**ACELERACIÓN:**	De 0 a 96 km/h en 5,6 segundos

BMW Z8 2000

El Z8 es una descarada imitación del memorable descapotable BMW 507 de los cincuenta. Como su ilustre predecesor, el Z8 fue diseñado en Estados Unidos por un europeo, en este caso por Henrik Fisker, un danés afincado en California. Su estilo clásico oculta una construcción vanguardista: los componentes que forman el chasis de aluminio in-tegrado se sueldan y pegan a mano en Alemania. Estos coches, fabricados en cantidades muy limitadas, incorporaban el motor V8 de 5 litros de la berlina M5. El Z8 ofrece altas prestaciones además de refinamiento y lujo. La velocidad punta está limitada a 250 km/h, pero el coche es capaz de mucho más, por lo que los márgenes de seguridad son considerables. Mientras que el 507 forzaba los límites, el Z8 se ciñe a las normas. Se trata de un coche atractivo, rápido y seguro a la vez. Algunos sienten que se trata de un coche para aquellos que rondan la cincuentena y quieren recuperar parte de la magia de los años cincuenta, pero ahorrándose los aspectos más emocionantes de la época: el ruido, la incomodidad y el peligro.

Motor:	Posición frontal, V8
Capacidad:	4.941 cm^3
Potencia:	394 CV a 6.600 r.p.m.
Velocidad punta:	250 km/h
Aceleración:	De 0 a 96 km/h en 4,7 segundos

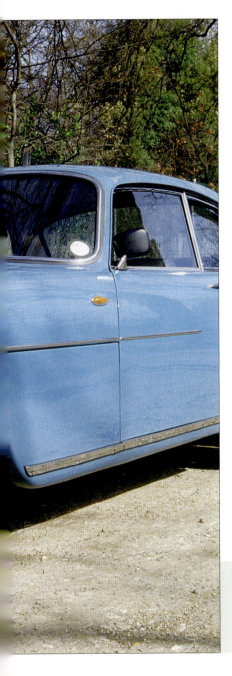

BRISTOL 411 1976

El Bristol es el equivalente en automoción del traje «Savile Row»: tradicional, bien confeccionado, perfecto para su propósito y ajustado a las necesidades del comprador. Un Bristol es para toda la vida. El 411 representaba la expresión definitiva de un diseño que databa de 1962, cuando el 407 empezó a utilizar un V8 Plymouth-Chrysler en lugar de los motores de preguerra de seis cilindros basados en BMW, que llevaban utilizando los Bristol desde 1947. Se dice que los primeros Bristol estaban equipados con motores «liberados» de Alemania tras el final de la guerra. Entre 1969 y 1976 sólo se produjeron 287 unidades, en una serie de sutiles variaciones de un estilo de éxito (en la fotografía se muestra un 410 de 1969). La cilindrada del motor acabó aumentando por encima de los 6,5 litros, lo cual daba lugar a algunos problemas de refrigeración al conducir por ciudad hasta que, en una de las revisiones de estilo, se incorporó un motor V8 «más pequeño» (5,9 litros) y equipado con un enorme turbocompresor Rotomaster. Su estilo era engañoso. En realidad, estos coches eran extremadamente potentes y muy gratificantes para los conductores entusiastas.

Motor:	Posición frontal, V8
Capacidad:	6.556 cm³
Potencia:	335 CV a 5.200 r.p.m.
Velocidad punta:	225 km/h
Aceleración:	De 0 a 96 km/h en 7 segundos

BRISTOL FIGHTER 2003

Los Bristol se venden en una tienda situada en una esquina de la High Street del distrito londinense de Kensington. La compañía ha funcionado de forma ininterrumpida desde el final de la Segunda Guerra Mundial y es uno de los últimos fabricantes nacionales de productos de altas prestaciones. Dicho esto, hay que decir que Bristol ha utilizado motores estadounidenses para impulsar sus elegantes coches desde los años sesenta, y el Fighter prosigue con esta tradición al emplear el enorme e imponente motor V10 de aluminio del flamante Dodge Viper. A su vez, esta unidad fue desarrollada por Lamborghini en Italia a partir de un motor comercial. El diseño del Fighter, como anticipa su linaje aeronáutico, está totalmente regido por la aerodinámica. Consigue combinar las sensaciones de un deportivo tradicional para el conductor con unos insuperables niveles de lujo y refinamiento para los pasajeros. La compañía de Anthony Crook, durante mucho tiempo objeto de burla por su diseño en forma de «reloj de salón», ha producido algunos de los supercoches más potentes y prácticos de la historia. Un producto exclusivo para conductores exigentes.

Motor:	Posición frontal, V10
Capacidad:	7.990 cm³
Potencia:	525 CV a 5.100 r.p.m.
Velocidad punta:	340 km/h
Aceleración:	De 0 a 96 km/h en 4 segundos

BUGATTI VEYRON 2006

Aparte de su nombre, el Bugatti Veyron no guarda relación alguna con las preciosas joyas construidas en la provincia francesa de la Alsacia en el periodo de entreguerras. En 1998, Volkswagen adquirió la marca Bugatti junto con las de Bentley y Lamborghini. En el caso de Bentley y Lamborghini, los coches, una fábrica y la plantilla formaban parte del trato. Bugatti, en cambio, era sólo un sueño. VW parece haber tenido algunas dificultades a la hora de convertir ese sueño en realidad, un problema al que se suma el hecho de que si resucitase alguna encarnación reconocible de Bugatti entraría en competencia directa con una de las otras ofertas «de prestigio» de VW: Bentley fabrica cupés y sedanes superlujosos, y Lamborghini fabrica coches vanguardistas y de altas prestaciones. La solución parece haber sido producir un coche que, por encima de todo, sea extremadamente caro. Aunque lleva el nombre de un legendario piloto de carreras francés, el Veyron es divinamente decadente (algunos dirían que incluso vulgar) y sus cuestionables prestaciones, irrelevantes.

Motor:	Posición central, W16	**Velocidad punta:**	400 km/h
Capacidad:	7.993 cm³	**Aceleración:**	De 0 a 96 km/h
Potencia:	987 CV a 6.000 r.p.m.		en 3 segundos

BUICK ROADMASTER 1950

David Dunbar Buick entró en la industria del motor en 1899, tras amasar una fortuna gracias a la creación de la bañera esmaltada. Su compañía, con sede en Flint (Michigan), se convirtió en la base de la poderosa General Motors Corporation, fundada por Jimmy Durant en 1908. Los Buick de 1950 marcaron un punto de inflexión en el estilo y el diseño de los automóviles americanos. La transmisión automática Dynaflow ya había ocupado su lugar, pero el tranquilo y venerable motor de 8 cilindros en línea estaba a punto de ser sustituido por un vigoroso V8 de mayor diámetro que carrera. La carrocería del Sedanette reaparecería en los espléndidos Bentley Continental de principios de los cincuenta, pero estos coches eran tan americanos como la tarta de manzana. El Roadmaster se distingue por el hecho de tener cuatro conductos de ventilación, frente a los tres con que cuentan sus hermanos menores de la línea Buick. Esta peculiaridad de diseño, introducida por Ned Nickles, se convertiría en un rasgo característico de Buick durante casi dos décadas.

Motor:	Posición frontal, ocho cilindros en línea	**Potencia:**	150 CV
		Velocidad punta:	145 km/h
Capacidad:	5.247 cm³	**Aceleración:**	De 0 a 96 km/h en 14 segundos

CADILLAC ALLANTÉ 1987

El nombre Allanté carece de significado. Se obtuvo como fruto de un estudio de mercado y se esperaba que aportara una sensación de sofisticación. El Allanté era un proyecto excepcional, considerado valiente por unos y temerario por otros. Basado en una versión acortada de la plataforma del Eldorado, algunos de los componentes del Allanté cruzaban el Atlántico en ambas direcciones a través del «Airbridge», un Boeing 747 especialmente adaptado capaz de transportar 56 coches de una sola vez entre Detroit y Turín. Los artesanos italianos de Pininfarina construyeron a mano las carrocerías y las montaron sobre los chasis adaptados. Las unidades completadas parcialmente, totalmente pintadas y decoradas, volaban entonces de vuelta a la planta de montaje de GM en Hamtramck, donde se instalaba el motor, la transmisión delantera y los componentes de la suspensión. El resultado: estilo italiano y músculo americano. ¿Cómo podía fracasar? A pesar de que un Allanté participara en la 76.ª edición de las 500 millas de Indianápolis, sus prestaciones nunca demostraron ser suficientes para justificar su precio. La incorporación del NorthStar V8 de Cadillac mejoró mucho las cosas al incrementar la velocidad punta hasta los 235 km/h, pero ya era demasiado tarde. Dejó de fabricarse en 1993.

Motor:	Posición frontal, V8
Capacidad:	4.571 cm^3
Potencia:	295 CV a 5.600 r.p.m.
Velocidad punta:	195 km/h
Aceleración:	De 0 a 96 km/h en 9,5 segundos

CADILLAC ELDORADO 1953

El año 1953 supuso «el amanecer dorado» del amor entre Estados Unidos y el mundo del automóvil, cuando éste finalmente dejó de ser un transporte práctico y se convirtió en objeto de deseo, una declaración de estilo y un símbolo de categoría. Ser dueño de un Eldorado tenía poco que ver con viajar: tenía que ver más bien con haber llegado. ¡Incluso Eisenhower llegó en un Eldorado a su investidura aquel año! Sólo se construyeron 532 Eldorado, todos ellos descapotables con una capota mecanizada que se ocultaba por completo. La potencia se incrementó al mejorar las cámaras de combustión y las válvulas del V8 respecto al esquema de 1949, lo cual volvió a poner a Cadillac a la cabeza. El legendario diseñador Harley Earl insistió en que el coche debía equiparse con el primer parabrisas envolvente del mundo, a pesar de que era necesario dar forma manualmente a cada parabrisas. Empezaron a aparecer «Dagmars» (formas abultadas) en los parachoques y a los alerones traseros les brotaron aletas: las formas que dominarían el futuro de los coches. El equipamiento de lujo incluía transmisión automática de progresión dual Hydra-Matic y dirección asistida Saginaw. Un Eldorado era, y sigue siendo, una máquina de ensueño. Lo que resulta extraño es que este ensueño en particular, en lugar de desvanecerse, parece haber regresado.

MOTOR:	Posición frontal, V8
CAPACIDAD:	5.424 cm^3
POTENCIA:	210 CV a 4.150 r.p.m.
VELOCIDAD PUNTA:	195 km/h
ACELERACIÓN:	De 0 a 96 km/h en 13,2 segundos

CATERHAM SEVEN 2006

El Caterham Seven es un pequeño fragmento de la historia del automóvil.
Su origen se remonta hasta el Lotus Seven de 1957, el coche en el que el campeón del mundo de Fórmula 1, Graham Hill, comenzó su carrera como piloto. Los Caterham Seven siguen fabricándose en Caterham (Inglaterra) y aún siguen ganando carreras. Las últimas y ligeras versiones del CSR están impulsadas por motores Ford Cosworth Duratec que desarrollan una potencia tremenda, aunque nada que el chasis superrígido y la suspensión interna de tipo F1 junto a los neumáticos Avon de 15 pulgadas no puedan soportar. Estos coches representan la experiencia de conducción por excelencia y, obviamente, no están pensados para personas que padezcan del corazón. Están diseñados para ser rápidos, veloces y seguros. La Caterham Cars de Graham Nearn comenzó a producir el Seven en los setenta, y la empresa lo ha mantenido en constante evolución durante tres décadas. Lo que es verdaderamente notable es que el Seven no hace más que mejorar y mejorar. Si está buscando un coche capaz de pasar de 0 a 96 km/h en tres segundos, le vendrá bien recordar que el Caterham Seven es considerablemente más barato que el Bugatti Veyron.

MOTOR:	Posición frontal, cuatro cilindros
CAPACIDAD:	2,3 litros
POTENCIA:	260 CV a 7.500 r.p.m.
VELOCIDAD PUNTA:	250 km/h
ACELERACIÓN:	De 0 a 96 km/h en 3,1 segundos

CHEVROLET CORVETTE 1953

El Corvette es el deportivo americano. Nació del deseo de ofrecer a los jóvenes estadounidenses, muchos de los cuales habían participado en la campaña en Europa durante la Segunda Guerra Mundial, algo que rivalizara con los Jaguar y MG que habían conocido «al otro lado del charco». El coche original, ideado por el innovador Harley Earl y diseñado por Ed Cole, se fabricaba (sólo en color blanco polo) en una esquina de las enormes instalaciones de GM en Flint (Michigan). Estaba impulsado por un motor de camión Chevrolet (el «Stovebolt Six») mejorado de 1927, tenía una transmisión Powerglide de dos velocidades, calzaba neumáticos de autobús y presentaba la primera carrocería de fibra de vidrio fabricada en serie del mundo, compuesta por 46 piezas distintas. El Corvette fue bautizado con el nombre de una embarcación rápida y manejable, aunque no tan rápida ni maniobrable como el Corvette. Además, y a pesar de lo cara que era, su carrocería crujía, tenía goteras, no contaba con capota plegable ni con parabrisas laterales y no era cómoda. Sin embargo, tenía cierto estilo… ¡incluso vestigios de aletas!

Motor:	Posición frontal, seis cilindros
Capacidad:	3.850 cm³
Potencia:	150 CV a 4.500 r.p.m.
Velocidad punta:	175 km/h
Aceleración:	De 0 a 96 km/h en 11 segundos

CHEVROLET CORVETTE C6 Z06 2006

El Corvette C6 de 2005 fue el primer modelo en incluir faros delanteros fijos desde 1962. El Z06 de 2006 es el Corvette más rápido y potente jamás construido. De nuevo, se incluyó un bloque de 6.997 cm^3 y, una vez más, el admirable Corvette estaba listo para superar cualquier curva. Se trata de un auténtico supercoche con un comportamiento y funciones de seguridad acordes con sus asombrosas prestaciones, además de un reducido consumo: 10,4 l/100 km.
El Ferrari Modena, en comparación, consume 18,5 l/100 km con la misma potencia. La carrocería del coche no está hecha de fibra de vidrio, sino que está fabricada en aluminio, mientras que los guardabarros y la capota están hechos de fibra de carbono. El bastidor del chasis está construido de magnesio, y las varillas de conexión y las válvulas de admisión, de titanio. Todo esto se combina en un peso de menos de 1.500 kg. El interior presenta unos ligeros asientos diseñados para sujetar con firmeza al conductor y, es de esperar, al copiloto, que se ven sometidos a fuerzas G propias de un caza generadas al tomar curvas a gran velocidad. Dave Hill, ingeniero jefe de Corvette, ha declarado que «nuestra meta consiste en crear un Corvette que haga más cosas bien que ningún otro coche de altas prestaciones». Y aquí está.

Motor:	Posición frontal, V8
Capacidad:	6.997 cm^3
Potencia:	505 CV a 6.200 r.p.m.
Velocidad punta:	315 km/h
Aceleración:	De 0 a 96 km/h en 3,7 segundos

CHEVROLET CORVETTE ROADSTER 1986

El Corvette original era un coche con capota de lona y existió siempre una versión totalmente descapotable desde 1953 hasta 1975, cuando la preocupación por la seguridad condujo a su supresión. Por suerte, el descapotable regresó en 1986. En 1983 no se fabricó ningún Corvette, pero al año siguiente se anunciaría un modelo nuevo. Se trataba de la obra del ingeniero Dave McLellan y del diseñador Jerry Palmer, y se esperaba que combinase seguridad, fuerza y sofisticación, pero que pudiese seguir siendo reconocido como un Corvette. La versión L-83 del motor V8 de 5.735 cm^3 incorporaba un sistema de inyección de combustible Cross-Fire controlado por ordenador, y se combinó con un chasis de tubo central en aluminio. Se trataba de un complejo sistema de transmisión manual «4+3» diseñado para mejorar el consumo de combustible al animar al conductor a evitar las marchas intermedias. Pronto dejó de utilizarse y el Cross-Fire dio paso a una inyección Tuned Port que, combinada con una mayor compresión, ofrecía 25 CV de potencia adicionales. Los frenos ABS antibloqueo Bosch se convirtieron en parte del equipamiento de serie y empezaron a utilizarse ruedas y neumáticos que sólo podían instalarse en el lado correspondiente del coche, que aportaban una adherencia y estabilidad que rivalizaban con las de cualquier competidor europeo.

Motor:	Posición frontal, V8	**Velocidad punta:**	225 km/h
Capacidad:	5.735 cm^3	**Aceleración:**	De 0 a 96 km/h
Potencia:	230 CV a 4.300 r.p.m.		en 6,5 segundos

CHEVROLET CORVETTE STING RAY 1966

El nuevo y llamativo Corvette de Bill Mitchell hizo su debut en 1963, con una carrocería totalmente nueva, faros delanteros escamoteables y, en la versión cupé, una luneta posterior dividida que desaparecería tras el primer año de fabricación (convirtiendo al instante a la primera versión en un clásico para coleccionistas). Zora Arkus-Duntov diseñó un chasis escalonado que permitía que el nuevo coche descansara más cerca de la carretera y proporcionaba una distribución del peso casi perfecta. Equipado con el V8 Turbo Fire 327, gozaba de unas prestaciones increíbles que le permitieron triunfar en las carreras casi de inmediato. Existía la posibilidad de equiparlo con un motor 425 «big block» opcional de gran tamaño y muchos de los modelos posteriores presentaban salientes con tomas de ventilación para el motor y conductos de escape laterales. Nada de esto acabó de encajar nunca en un diseño excepcionalmente bello y sobrio, según los estándares estadounidenses. El año 1966 debería haber sido el último del Sting Ray, pero los problemas en la producción de su sustituto le concedieron un breve veranillo de San Martín en 1967, para cuando los embellecimientos exteriores se habían eliminado ya por completo. En contra de lo habitual, el diseño del Sting Ray se volvió mejor y más sencillo con el paso del tiempo.

Motor:	Posición frontal, V8	**Velocidad punta:**	225 km/h
Capacidad:	6.997 cm³	**Aceleración:**	De 0 a 96 km/h
Potencia:	450 CV		en 4,8 segundos

CHEVROLET CORVETTE ZR1 1990

El rasgo que distinguía al «Rey de la montaña» del Corvette era su motor Lotus V5 de aleación, 32 válvulas y cuádruple árbol de levas, al que se bautizó como LT5. El bloque motor se construía en Texas y el cárter, en Misuri, mientras que las culatas, el cigüeñal y las varillas de conexión provenían de Inglaterra, y los pistones y las camisas de los cilindros se fabricaban en Alemania. El montaje de los motores corría a cargo de Mercury Marine, de Stillwater, en Oklahoma, y el producto final pasaba a fábrica en Bowling Green, en Kentucky. Su rendimiento era tal que incluía una llave de seguridad para evitar que los imprudentes desataran la agresiva potencia del motor de forma involuntaria. ¡Así se limitaba la potencia a sólo 240 CV! En el momento en que cesó la producción, la potencia superaba ya los 400 CV. La primera marcha podía poner el coche a 90 km/h, mientras que la sexta ofrecía una velocidad de crucero de 70 km/h por cada 1.000 r.p.m. Si el motor hubiera sido capaz de girar a las máximas revoluciones en sexta marcha, ¡la velocidad punta hubiera superado los 485 km/h! El ZR1 fue el Corvette más caro por un margen de diferencia de unos 20.000 dólares, pero seguía siendo menos de la mitad del precio de un Ferrari Testarossa.

Motor:	Posición frontal, V8	**Velocidad punta:**	280 km/h
Capacidad:	5.735 cm³	**Aceleración:**	De 0 a 96 km/h en 4,5 segundos
Potencia:	380 CV a 6.200 r.p.m.		

CHRYSLER 300C 2005

La fusión de Daimler-Benz y Chrysler está dando a luz algunas máquinas interesantes, lo cual empieza ya a cuestionar el arraigado punto de vista europeo que considera que todo lo que esté relacionado con Detroit debe tratarse de algún artilugio enorme sediento de gasolina. El 300C puede equipararse con muchas de las berlinas europeas de coste similar, no sólo en términos de prestaciones, sino también en relación calidad/precio. El Chrysler aporta una inusual cantidad de ventajas por un precio razonable. La principal opción de motor es un «Hemi» V8 de gran tamaño. La configuración tradicional con motor frontal y tracción trasera (la tracción integral es un complemento opcional) ofrece un excelente comportamiento para una berlina de gran tamaño, y no cabe duda de que el 300C lo es. Aunque el estilo del coche puede parecer insolente a muchos europeos, en el interior los niveles de equipamiento y confort son impresionantes, y el número de opciones de lujo disponibles es enorme. El sistema permite que el motor utilice cuatro cilindros en lugar de ocho cuando las circunstancias lo permiten, lo que brinda un nivel de consumo de combustible muy satisfactorio, tratándose de un V8 de gran tamaño.

Motor:	Posición frontal, V8	**Velocidad punta:**	250 km/h
Capacidad:	5,7 litros	**Aceleración:**	De 0 a 96 km/h
Potencia:	340 CV a 5.000 r.p.m.		en 6,4 segundos

CHRYSLER C-300 1955

El Chrysler 300 original fue bautizado así porque el motor de hierro V8 FirePower que lo animaba, con sus legendarias cámaras de combustión semiesféricas, desarrollaba una potencia de 300 CV. Al igual que sucedió con los últimos Chrysler 300, el 1955 supuso un cambio radical en la suerte de la compañía: las ventas superaron en un 50 % las cifras del año anterior. El coche fue diseñado, quizá de forma un tanto indecisa, por Virgil Exner. La rejilla del radiador provenía del Chrysler Imperial y, en la parte posterior, las aletas parecían claramente un añadido de última hora. No obstante, las cosas mejorarían en este departamento y la ingeniería, cortesía de Robert M. Roger, irradiaba confianza desde el primer momento. Equipado con dos carburadores de cuatro cuerpos, con el obligatorio árbol de levas articulado y con culatas de alta compresión (8,5 a 1), el C-300 se ganó rápidamente una buena reputación tanto en las pistas como en la calle: Tim Flock ganó en Daytona dos años. El C-300 era la respuesta de Chrysler al Corvette de GM y al Thunderbird de Ford, pero no tenía nada que envidiarle a ninguno de los dos en términos de estilo o carácter: el C-300 tenía una rotunda personalidad propia.

Motor:	Posición frontal, V8
Capacidad:	5.424 cm^3
Potencia:	300 CV a 5.200 r.p.m.
Velocidad punta:	205 km/h
Aceleración:	De 0 a 96 km/h en 9,5 segundos

CISITALIA 202 GRAN SPORT 1948

Lo primero que llama la atención en este cupé es su estilo clásico italiano. El Cisitalia es obra de Pininfarina y fue el coche que procuró su reputación internacional a la compañía. Elegante y práctico, el Cisitalia rebosaba confianza y estilo, dos raras cualidades en un coche europeo en los primeros años de posguerra. Los primeros coches de la fábrica de Piero Dusio en Turín estaban animados por pequeños motores Fiat de 1.100 cm^3 y se destinaban a las carreras. Las exhaustivas pruebas en túnel de viento dieron lugar a diseños extremadamente atractivos y eficientes, que culminaron con el cupé de Pininfarina, al que se suele considerar el ejemplo definitivo de su casta. Su reducido peso ayudaba al coche a alcanzar velocidades tanto o más altas que las que se lograban con motores mucho mayores: una versión de 60 CV era capaz de superar los 160 km/h. En 1951 se exhibió un Cisitalia en el Museo de Arte Moderno de Nueva York. Por desgracia, Signor Dusio parecía perder interés por el coche y estar más preocupado por desarrollar coches de carreras para Grandes Premios, de modo que la producción se detuvo en 1953, cuando se habían completado poco más de 200 unidades.

Motor:	Posición frontal, cuatro cilindros
Capacidad:	1.089 cm^3
Potencia:	55 CV a 5.500 r.p.m.
Velocidad punta:	160 km/h
Aceleración:	No disponible

CITROËN SM 1970

El Citroën SM era un ambicioso e innovador proyecto cuyo éxito fue frenado por la crisis del petróleo de 1973. A finales de los sesenta Citroën, que había adquirido una prestigiosa Maserati en bancarrota, volvería con fuerza mediante un diseño híbrido pensado para combinar lujo y prestaciones y restablecer su supremacía gala. Al final, el proyecto acabó con la propia Citroën siendo adquirida por su archirrival Peugeot. Debido al sistema tributario francés, basado en la capacidad del motor, se fabricó una unidad de seis cilindros que desplazaba poco menos de 2,8 litros (el límite en su franja fiscal), que acabaría en el interior de un atractivo cupé de motor central de Maserati, el Merak. Nunca sabremos qué coche hubiera resultado con el uso del magnífico V8 de 4,7 litros de Maserati, pero incluso con su pequeño motor de posguerra, el célebre sistema hidráulico y el estilo aerodinámico de Citroën se combinaron para dar lugar al que probablemente sea el último «Grand Routier». A pesar de su motor italiano, el SM de tracción delantera sigue siendo en esencia un exquisito coche francés: elegante y complejo como un buen clarete.

Motor:	Posición frontal, V6
Capacidad:	2.670 cm³
Potencia:	180 CV a 6.250 r.p.m.
Velocidad punta:	215 km/h
Aceleración:	De 0 a 96 km/h en 9 segundos

DAIMLER DOUBLE SIX 1972

El Daimler Double Six no era más que un Jaguar XJ12 con una parrilla de radiador acanalada. Durante años, los rumores que circulaban acerca del nuevo V12 de Jaguar habían generado grandes expectativas, sobre todo después de la presentación del fabuloso prototipo Pirana, diseñado por Bertone y patrocinado por el diario *Daily Telegraph*, que acabaría convirtiéndose en el Lamborghini Espada. Lo que llegó finalmente no era tan excitante. El motor tenía un solo árbol de levas en cada culata y válvulas hidráulicas, y estaba conectado a una caja de cambios automática de tres velocidades. La potencia era inferior a la de un EType de 3,8 litros, pero el consumo de combustible era monumental: ¡una media de 20 litros/100 km! Debe decirse en su favor que el coche era extremadamente lujoso y civilizado, y las versiones Daimler tenían un acabado de gran calidad. La entrega de la potencia era suave y el coche podía alcanzar fácilmente una velocidad de crucero superior a los 160 km/h, pero su sed insaciable, especialmente durante la crisis del petróleo de principios de los setenta, fue su perdición. De habérsele dado un motor V12, William Lyons, responsable de todos los Jaguar hasta la fusión con BMC, habría creado algo bastante espectacular. Pero British Leyland no lo hizo.

Motor:	Posición frontal, V12
Capacidad:	5.343 cm³
Potencia:	250 CV a 6.000 r.p.m.
Velocidad punta:	225 km/h
Aceleración:	De 0 a 96 km/h en 7,4 segundos

DAIMLER SP 250/DART 1959

El Daimler Dart supuso un cambio radical respecto al estilo habitual de Daimler. La reputación de la compañía se basaba principalmente en sus lujosas berlinas y limusinas. Sin embargo, durante el periodo de entreguerras se fabricaron una serie de ligeros descapotables entre los que se incluía el magnífico «Double Six» V12. El Dart fue el último de esta fugaz línea, un cóctel que combinaba innovación y tradición en un coche impetuoso y compacto. La carrocería, una peculiar mezcla de curvas y esquinas, estaba hecha de paneles de fibra de vidrio y montada en un chasis que carecía de la rigidez torsional necesaria para evitar que las puertas se abrieran al negociar una curva cerrada. En el corazón del Dart se encontraba una joya de motor: un pequeño V8 de 2,5 litros diseñado por Edward Turner. La versión de 4,5 litros de este motor proporcionaba una velocidad de crucero de 160 km/h a un coche que tenía la misma eficiencia aerodinámica que un cobertizo. Daimler fue absorbida por Jaguar en 1961 y el Dart dejó de fabricarse. El motor V8 perduró brevemente en el equivalente Daimler del Jaguar MkII, el 250.

Motor:	Posición frontal, V8
Capacidad:	2.547 cm³
Potencia:	140 CV a 5.800 r.p.m.
Velocidad punta:	200 km/h
Aceleración:	De 0 a 96 km/h en 7,4 segundos

DATSUN 240Z 1969

Cegado por el sol naciente, MG perdió su posición como fabricante del deportivo más popular del mundo (el MGB) ante el Datsun 240Z a principios de los setenta. Tal es precisamente el objetivo con el que se diseñó el 240Z, y no es difícil comprender cómo lo consiguió. Originalmente, la potencia debía proporcionarla un motor inspirado en Jaguar con doble árbol de levas en culata, pero su desarrollo era muy costoso y problemático, por lo que el proyecto estuvo a punto de irse a pique. No obstante, la entrada de Toyota en las listas de deportivos con el 2000 GT puso de nuevo manos a la obra a Datsun, que produjo un motor excelente y mucho más sencillo, con seis cilindros y árbol de levas simple. Dicho motor se montó en una carrocería cupé de aspecto muy europeo diseñada nada menos que por el conde Albrecht Goertz, responsable del seductor descapotable BMW de los cincuenta, el 507. Sus formas, a medio camino entre el Jaguar E-Type y el Ferrari Daytona, lo hacían muy atractivo. Sus prestaciones eran excitantes: una sofisticada suspensión y una dirección de cremallera permitían al coche estar a la altura de la más prestigiosa tradición europea, y el conjunto en general irradiaba una viril muscularidad.

Motor:	Posición frontal, seis cilindros
Capacidad:	2.393 cm³
Potencia:	151 CV a 5.600 r.p.m.
Velocidad punta:	200 km/h
Aceleración:	De 0 a 96 km/h en 8 segundos

DeLorean DMC 12 1981

El DeLorean podía haber sido diseñado por Karl Marx para demostrar los defectos inherentes del sistema capitalista. Fue concebido a partir de la codicia personal, la corrupción empresarial y la mentira ejecutiva. Ideologías aparte, el DMC 12 sigue siendo una criatura peculiar para cualquier estándar. El hijo de un trabajador de la fábrica Ford, John Zachary DeLorean, ascendió de forma meteórica hasta la élite corporativa de General Motors, donde se convertiría en el padre del legendario GTO. En 1973 abandonó Detroit, en Michigan, y se mudó a Dunmurry, en Irlanda del Norte. Allí, con 12 millones de dólares recibidos de inversores individuales y 156 millones más en subvenciones por parte del Gobierno británico, se dedicó a convertir su sueño en una pesadilla. El diseño corrió a cargo de Giugiaro y se contrató a Lotus para ocuparse de la ingeniería, mientras que el motor de este gigante de carrocería de acero inoxidable, puertas de tipo «ala de gaviota» y chasis de tubo central, consistía en un insuficiente Renault V6. Todo en ese coche estaba mal: la distribución del peso, el acabado, el comportamiento, el rendimiento y el precio. Se construyeron ocho mil unidades antes de que la compañía quebrara. Irónicamente, el vehículo capaz de viajar en el tiempo en la película *Regreso al futuro* estaba basado en un DeLorean.

Motor:	Posición trasera, V6
Capacidad:	2.393 cm³
Potencia:	132 CV a 5.500 r.p.m.
Velocidad punta:	175 km/h
Aceleración:	De 0 a 96 km/h en 10,5 segundos

DE TOMASO PANTERA GTS 1973

Alejandro de Tomaso era un argentino que emigró a Italia con la esperanza de emular a sus ilustres compatriotas del pasado: Mieres, Gonzales y el inmortal Fangio. Al final, acabó enfrentándose a los gigantes de Módena —Lamborghini, Maserati y Ferrari— en su propio campo. El Pantera era un híbrido de chasis italiano y motor americano. El motor era una unidad Ford «Cleveland» de 5,7 litros. Salvo por su culata de alta compresión (11:1), se trataba de un motor altamente fiable. Ofrecía máxima potencia con mínimo ruido. La idea consistía en llevar estos elegantes artículos (diseñados por Tom Tjaarda, de Ghia, una filial de Ford) a las exposiciones de Ford a lo largo y ancho de Estados Unidos para tentar a los compradores del Corvette a abandonar a GM, y podría haberlo logrado de no ser por la crisis del petróleo de los setenta y por el conservadurismo innato de los automovilistas estadounidenses. En carretera, el Pantera es un coche muy convincente. Tiene el empuje de un tren, un comportamiento ágil y una velocidad de crucero fácil de alcanzar. Uno se ve obligado a buscarle defectos: su enorme carburador cuádruple puede ahogarse al negociar curvas muy cerradas y provocar fallos de encendido, mientras que la posición del conductor es bastante peculiar, incluso para los estándares italianos, aunque en general se trata de un coche excelente.

Motor:	Posición trasera, V8
Capacidad:	5.763 cm^3
Potencia:	350 CV a 6.000 r.p.m.
Velocidad punta:	255 km/h
Aceleración:	De 0 a 96 km/h en 5,5 segundos

DODGE VIPER 1992

El Dodge Viper tuvo un desarrollo paralelo al del Corvette ZR1, excepto en que mientras Chevrolet buscaba su inspiración en Inglaterra, Dodge lo hacía en Italia. Sin embargo, la obra maestra de la mecánica que produjo Lamborghini para animar a este bólido dio sus primeros pasos en Estados Unidos: el motor V10 derivaba de una unidad para vehículos comerciales de Chrysler. Si decimos que el Viper está impulsado por un motor de camión, estaremos lejos de ser precisos. El V10 del Viper proporciona una sorprendente aceleración en carreteras despejadas y se muestra absolutamente dócil al circular con tráfico. Su imagen de «retorno a lo básico» (los modelos originales tenían cortinas fijables que recordaban a las de los primeros Corvette) ocultaba una inmensa sofisticación: la carrocería consistía en una estructura compuesta de acero y plástico reforzado con fibra de vidrio (GRP), montada sobre un chasis tubular absolutamente rígido. Las versiones posteriores del Viper, el GTS, el RT-10 y el GTS/R, alcanzaron niveles de prestaciones aún mayores, con una capacidad ampliada por encima de los 8.200 cm^3 y una potencia superior a 600 CV.

Motor:	Posición frontal, V10
Capacidad:	7.997 cm^3
Potencia:	400 CV a 4.600 r.p.m.
Velocidad punta:	265 km/h
Aceleración:	De 0 a 96 km/h en 4,5 segundos

EXCALIBUR SS 1966

El Excalibur SS original tenía toda la sutileza de un hacha de batalla. Fue ideado por Brooks Stevens, un diseñador industrial que, en el año 1963, había trabajado tanto con Henry J. como con Kaiser-Fraser. Con el encargo de producir un coche que atrajera a los posibles compradores al *stand* de la maltrecha Studebaker en el Salón del Automóvil de Nueva York de 1964, Stevens presentó el Studebaker SS. El coche era una imitación del legendario Mercedes SSK de la preguerra, impulsado por un V8 Studebaker de 290 CV y montado por Stevens y sus dos hijos en seis semanas. Studebaker se echó atrás y abandonó el proyecto; como consecuencia, la compañía quebró. Stevens registró el nombre Excalibur y continuó en solitario a pesar de las dificultades. El SS de 1966 estaba impulsado por un V8 Chevrolet 327 «de bloque pequeño», al estilo del Corvette. Este motor, montado en el extraño y rígido chasis con guardabarros de estilo «retro» de Stevens, ofrecía unas increíbles prestaciones. Stevens había dado con su nicho de mercado y, aunque los modelos posteriores de la marca estuvieron más pensados para las exhibiciones que para el uso real, el Excalibur SS original era un modelo rápido e impetuoso, único en su especie.

MOTOR:	Posición frontal, V8
CAPACIDAD:	5.358 cm³
POTENCIA:	300 CV a 6.000 r.p.m.
VELOCIDAD PUNTA:	240 km/h
ACELERACIÓN:	De 0 a 96 km/h en 4,8 segundos

FACEL VEGA HK500 1960

FACEL, al igual que FIAT, es un acrónimo: Forges et Ateliers de Construction d'Eure et Loire era la empresa carrocera de Jean Daninos. Con el descenso en la demanda de carrocerías a medida, Daninos decidió producir un coche propio, el Vega, que lleva el nombre de una estrella. Presentado ante el mundo en el Salón de París de 1954, el Facel Vega era rápido, impulsado por un V8 FireDome de Chrysler/De Soto, pero sobre todo era pura suntuosidad. La carrocería, con sus faros delanteros superpuestos y su parabrisas envolvente, tenía un aspecto futurista y contaba con detalles como el uso de acero inoxidable pulido en lugar de chapa cromada. El interior era atractivo e innovador por igual, con los instrumentos secundarios agrupados en la consola central en lugar de estar desperdigados aleatoriamente por todo el panel. El talón de Aquiles de los modelos anteriores eran sus anticuados frenos de tambor, pero en 1960 se incluyeron frenos de disco. De acuerdo con los estándares modernos, el comportamiento del Facel podría considerarse espantoso, pero en su tiempo resultaba manejable, sobre todo en manos de un conductor entusiasta.

MOTOR:	Posición frontal, V8	**VELOCIDAD PUNTA:**	235 km/h
CAPACIDAD:	5.910 cm³	**ACELERACIÓN:**	De 0 a 96 km/h
POTENCIA:	360 CV a 5.200 r.p.m.		en 8,5 segundos

FERRARI 365 GTB/4 DAYTONA 1968

La primera generación de Ferrari Berlinetta V12 culminó con el 365 GTB/4. Presentado en el Salón del Automóvil de París en 1968, el coche fue bautizado con objeto de conmemorar la famosa victoria de Ferrari en las 24 horas de Daytona del año anterior. Su magnífica carrocería fue diseñada por Pininfarina y construida en Módena por Scaglietti. Aunque se trataba de un biplaza (no tenía asientos traseros infantiles), el Daytona era un coche grande y pesado, de 1.800 kg de peso, y requería un conductor también grande y pesado para controlarlo. El V12 de cuádruple árbol de levas en culata entregaba su potencia a trompicones en lugar de hacerlo de manera uniforme. Debido a ello, y a pesar de su suspensión totalmente independiente y de una caja de cambios con transeje para mejorar la distribución el peso, era demasiado fácil que el Daytona sobrevirara. Los días del dócil paseante de bulevar de Módena estaban aún por llegar; el Daytona era un coche diseñado para una conducción extrema por parte de conductores extremos, y su éxito en competición da buena muestra de ello. Las versiones de carreras podían desarrollar 450 CV y acercarse a los 320 km/h, lo que las llevó a ganar en una de las categorías de Le Mans en 1973.

Motor:	Posición frontal, V12	**Velocidad punta:**	280 km/h
Capacidad:	4.390 cm³	**Aceleración:**	De 0 a 96 km/h
Potencia:	352 CV a 7.500 r.p.m.		en 5,4 segundos

FERRARI DINO 246GT 1973

El Dino, el primer turismo de motor central de Ferrari, se bautizó en honor del hijo de Enzo Ferrari, que murió en 1956 a los 24 años de edad. Aunque tenía un precio modesto para los estándares de Módena, a un joven debían irle muy bien las cosas para poder comprar una de estas bellezas en 1973: su coste era, aproximadamente, el de dos Jaguar E-Type, pero valía cada céntimo de su precio. El diseño corría a cargo de Pininfarina, pero las carrocerías fueron fabricadas por Scaglietti. El bloque de hierro (al principio, los 206 Dino tenían motores de aluminio) estaba montado en posición central, lo que ofrecía una perfecta distribución del peso y resultaba en un impecable comportamiento en carretera. Una suspensión sutil, combinada con una suave caja de cambios de cinco velocidades, invitaba a una conducción vigorosa. El Dino era un coche hecho para surcar la carretera y el viento, no para la autopista ni para el bulevar. Si sumamos los 206, los 246, los cupé y los Spider, se produjeron más de 4.000 Dino entre 1967 y 1974. Su precioso motor V6 sobreviviría en el Fiat Dino y el Lancia Stratos hasta 1975.

Motor:	Posición central, V6
Capacidad:	2.418 cm³
Potencia:	195 CV a 7.600 r.p.m.
Velocidad punta:	240 km/h
Aceleración:	De 0 a 96 km/h en 7 segundos

FERRARI ENZO 2003

Anunciado en el Salón del Automóvil de París de 2002, el Enzo es el último de una distinguida línea de máquinas de edición limitada, al igual que el GTO, el F40 y el F50. En principio, sólo iban a construirse 349 unidades, pero esta cifra se elevó hasta las 399 debido a la demanda de este coche valorado en casi 650.000 dólares. Bautizado en honor del propio «Il Commendatore», el Enzo es un coche de competición adaptado (mínimamente) para su uso en carretera. La parte frontal, con claras influencias del mundo de la F1, dota al Enzo de un ligero aspecto de coche por piezas, pero se trata de una máquina pensada para conducir, más que para seducir, y se espera de aquellos afortunados que se han hecho con uno que utilicen su inversión, en lugar de mantenerla bajo llave. La increíble aerodinámica del Enzo proporciona un sorprendente agarre con una mínima resistencia, convirtiéndolo en el turismo más rápido construido jamás por Ferrari, con una velocidad punta de 400 km/h. Se invita a cada comprador a visitar la fábrica para adaptar el coche a sus medidas y requisitos específicos, pudiendo ajustar incluso los pedales para aquellos que prefieren frenar con el pie izquierdo.

MOTOR:	Posición central, V12
CAPACIDAD:	5.988 cm^3
POTENCIA:	660 CV a 7.800 r.p.m.
VELOCIDAD PUNTA:	360 km/h
ACELERACIÓN:	De 0 a 96 km/h en 3,6 segundos

FERRARI F40 1987

Fabricado para celebrar los 40 gloriosos años de producción en Módena, el F40 debía ser una edición limitada de 450 unidades. Tal fue la emoción (y la demanda) suscitada que finalmente se construyeron 1.311 unidades. Basado en la plataforma del 288 GTO, el F40 estaba impulsado por un V8 de menos de 3 litros, pero su doble turbocompresor hacía que esta unidad pudiera desarrollar casi 500 CV de potencia. En su construcción se emplearon materiales ligeros como el kevlar y la fibra de carbono, sirviéndose para ello de la incomparable experiencia de Ferrari en la F1. A pesar de su belleza, el F40 era una máquina espartana que sacrificaba el confort de los pasajeros en favor del rendimiento bruto. A velocidades altas, el nivel de ruido en el puesto de conducción hacía imposible mantener una conversación, pero el sonido era magnífico y el conductor se concentraba en la conducción. El diseño era de Pininfarina, pero la carrocería del F40 se montaba «internamente» en las instalaciones de Ferrari. El F40 fue el último coche con su nombre que Enzo Ferrari pudo ver producido en vida. Fue un final apoteósico: el coche de fabricación en serie más rápido del planeta.

Motor:	Posición central, V8
Capacidad:	2.936 cm³
Potencia:	478 CV a 7.000 r.p.m.
Velocidad punta:	325 km/h
Aceleración:	De 0 a 96 km/h en 4,7 segundos

FERRARI 612 SCAGLIETTI 2006

Sustituto del 456M, el 612 Scaglietti, bautizado así en honor del famoso diseñador Sergio Scaglietti, presentaba un chasis integrado de aluminio y paneles de ese mismo material. Se trata de un turismo Ferrari tradicional, con un motor V12 en posición frontal y tracción trasera, y, al mismo tiempo, de un supercoche de vanguardia con asombrosos niveles prestacionales. La transmisión se realiza a través de una caja de cambios secuencial de seis velocidades, accionada mediante levas a cada lado del volante (aunque puede solicitarse opcionalmente una palanca de cambio tradicional). La transmisión puede ajustarse en modo automático para una conducción más relajada, si eso es posible en un 612. Los asientos posteriores son apenas más que decorativos, pero los delanteros son extremadamente prácticos, y animan a pasarse el día conduciendo por puro placer. Incluso con un precio de venta de 250.000 dólares, el 612 se vendió durante dieciocho meses a partir de su lanzamiento. Aunque estos precios para un coche pueden parecer obscenos, el 612 es uno de los poquísimos modelos en los que el coste está casi justificado. Incluso según los estándares de precisión de Ferrari, el 612 es un coche bonito, con una estupenda ingeniería y que da gusto conducir.

Motor:	Posición frontal, V12
Capacidad:	5.748 cm^3
Potencia:	540 CV a 7.250 r.p.m.
Velocidad punta:	315 km/h
Aceleración:	De 0 a 96 km/h en 4,2 segundos

FERRARI TESTAROSSA 1984

El Testarossa («cabeza roja») toma su nombre de sus tapas de válvula de color escarlata. Un ejercicio tanto de estilo como de funcionalidad, el Testarossa resultó ser impactantemente bonito y logró su objetivo. La carrocería está «esculpida» con delicadas aletas de refrigeración que sólo sirven de adorno para los conductos de ventilación, pero que le dotan de una sensación de velocidad incluso cuando el coche está inmóvil. Desarrollado a partir del excelente 512BB, la disposición del motor del Testarossa incluye dos bancadas de seis cilindros opuestos horizontalmente. Este diseño parece producir un efecto casi giroscópico, como pueden atestiguar los conductores de los Alfa Sud GTi. El principal problema al conducir el Testarossa era su tamaño. En las fotografías parece tan compacto como un Dino, pero, en realidad, mide 198 cm de ancho. A pesar de esto, el coche era ligero en la conducción, ágil y extremadamente dócil. Su aceleración y agarre eran fascinantes; el Testarossa podía adelantar a cualquier cosa en la carretera, ¡pero uno tenía que asegurarse primero de que había espacio suficiente!

Motor:	Posición central, 12 cilindros en horizontal
Capacidad:	4.942 cm³
Potencia:	390 CV a 6.300 r.p.m.
Velocidad punta:	290 km/h
Aceleración:	De 0 a 96 km/h en 5,6 segundos

FIAT 8V 1952

El Fiat 8V fue el primer deportivo de posguerra de la compañía. Recibió el nombre de 8V porque la Ford Motor Corporation tenía en ese momento los derechos exclusivos sobre el término V8. El ingeniero jefe de Fiat, Dante Giacosa, había diseñado una unidad de aleación de 2 litros bien definida y compacta para un proyecto de sedán que nunca llegó a fabricarse. Pensados principalmente para la competición, los 8V se preparaban en la sociedad SIATA de Turín. La carrocería seguía el patrón de Superleggera (paneles ligeros sobre un chasis tubular integrado) y fue diseñada inicialmente por Rapi. Más tarde, otros carroceros, como Ghia, Vignale y Zagato, produjeron carrocerías para el 8V, algunas de ellas de extraordinaria belleza (en la fotografía, un Vignale Demon Rouge). De forma similar, el motor estaba disponible con diferentes configuraciones, según las intenciones del cliente. Después aparecieron otras variantes interesantes, entre las que se incluía una versión con carrocería de fibra de vidrio presentada en Ginebra en 1954, y una versión experimental impulsada por una turbina alimentada con gas. A pesar de la belleza del coche y de su éxito en competición, se fabricaron menos de 120 unidades antes de que la producción cesara a finales de 1954.

Motor:	Posición frontal, V8	**Velocidad punta:**	195 km/h
Capacidad:	1.996 cm³	**Aceleración:**	De 0 a 96 km/h en 12,3 segundos
Potencia:	105 CV a 6.000 r.p.m.		

FIAT DINO 1969

El Dino, bautizado en honor del hijo de Enzo Ferrari que falleció en 1956, debía convertirse en una gama independiente de coches con el motor V6 de Ferrari. En su primera forma, tenía un bloque de aluminio y 2 litros de capacidad, mientras que las versiones posteriores eran de hierro y tenían 2,4 litros. Los Ferrari Dino (la versión GT) llevan la famosa insignia del *cavallino rampante*, pero en realidad no llevan la marca Ferrari. Fiat, que construyó los Spider y los cupé, había sido durante mucho tiempo un socio cercano de Ferrari y no podía resistir la tentación de explotar ese vínculo; por eso, los coches fabricados en Turín llevaban la marca Fiat. Durante mucho tiempo, los Fiat han sido considerados el lado débil en esta relación, aunque tal afirmación no es nada justa. La versión Ferrari (GT) es fabulosa, por supuesto, pero los Fiat tienen una belleza propia, y sus infravalorados cupés de diseño Bertone son especialmente atractivos, aunque sólo sea por su capacidad para sorprender a los conductores de Jaguar en los semáforos. Los Spider de Pininfarina son desenfrenados y tremendamente divertidos bajo el sol o bajo las estrellas. Ambos disfrutan de una robusta caja de cambios ZF de cinco velocidades que anima a una conducción ágil.

Motor:	Posición frontal, V6	**Velocidad punta:**	210 km/h
Capacidad:	2.418 cm³	**Aceleración:**	De 0 a 96 km/h
Potencia:	180 CV a 6.600 r.p.m.		en 7,5 segundos

FORD GALAXIE 500 1965

En los sesenta, los Ford se valoraban por su tamaño, y el Galaxie era grande en todos los sentidos. Surgido a partir de la serie Fairlane, el nombre Galaxie se aplicó por primera vez a los descapotables Sunliner y a los Skyliner de capota plegable en 1959. En un momento de recesión, los tres grandes –Ford, GM y Chrysler– competían ferozmente por unas ventas cada vez más escasas, cuando una nueva gama de modelos sedán Galaxie causó un gran revuelo. A mediados de los sesenta, el Galaxie 500 se estableció con firmeza como coche de competición. Un equipo de estos monstruosos coches fue llevado a Inglaterra y ofreció a los espectadores de Brands Hatch una de las carreras de berlinas más emocionantes de la historia, midiéndose con modelos como los Jaguar MkII o los Mini Cooper. Estos coches alcanzaban una batalla de casi 3 metros y pesaban más de 1.500 kg, aunque algunas versiones contaban con carrocerías de fibra de vidrio. Podían elegirse diferentes opciones de motor, siendo la más potente un motor V8 427 de 7 litros que desarrollaba más de 500 CV. En la pista, tenían un comportamiento horrible en las curvas, pero eran capaces de arrasar en las rectas.

Motor:	Posición frontal, V8
Capacidad:	6.997 cm^3
Potencia:	425 CV a 6.000 r.p.m.
Velocidad punta:	225 km/h
Aceleración:	De 0 a 96 km/h en 6,5 segundos

FORD GT40 1965

Aunque el Galaxie 500 de Ford dominaba las carreras de turismos en Estados Unidos y las de berlinas en Europa, el sobresaliente GT40 logró ganar la carrera de las 24 horas de Le Mans. Los GT40 originales fueron construidos en Slough, Inglaterra, bajo la supervisión de John Wyer. Impulsado por un ligero V8 de aleación, el coche sólo medía 40 pulgadas (101 cm) de alto, de ahí su nombre: Grand Touring 40. Tres coches corrieron en Le Mans en 1964 y uno de ellos registró una velocidad de 300 km/h, pero todos acabaron retirándose debido a fallos mecánicos. Su desarrollo se trasladó a Estados Unidos, bajo el control de Carroll Shelby, que sustituiría el V8 original por una versión de 6.997 cm³. Seis de estos nuevos modelos corrieron en Le Mans en 1965, pero todos sufrieron la misma suerte que sus predecesores. Finalmente, tras un intenso trabajo de desarrollo, los GT40 obtuvieron los tres primeros puestos en Le Mans en 1966, y Ford decidió abandonar mientras estuviera en cabeza. En Sloug se construyó una variante de carretera del MkII, de la que se produjeron 31 unidades. Entre 2004 y 2006, Ford lanzó al mercado un «nuevo» GT40.

Motor:	Posición central, V8
Capacidad:	4.736 cm³
Potencia:	306 CV a 6.000 r.p.m.
Velocidad punta:	255 km/h
Aceleración:	De 0 a 96 km/h en 5,3 segundos

FORD MUSTANG 1964

El Mustang nació de una necesidad templada por la innovación. La industria del motor americana, junto con el resto de la industria de Estados Unidos, sufrió el declive de la economía de finales de los cincuenta. Cuando las cosas empezaron a mejorar, los fabricantes buscaron la forma de producir nuevos modelos que no fueran demasiado nuevos, ya que de lo contrario serían demasiado caros; un intrépido intento de desarrollar un Mustang descapotable de motor central demostró ser demasiado osado. Bajo la inspirada dirección de Lee Iacocca, el Mustang original se fabricaba casi exclusivamente con piezas de otros modelos, y estaba basado en una plataforma compacta existente, la del Falcon. El lanzamiento del coche estaba previsto para la Exposición Mundial de Nueva York de abril de 1964, pero Walter Ford (sobrino de Henry Ford II) se llevó «accidentalmente» un ejemplar a una cita en un restaurante de Detroit, donde dio la casualidad de que había una serie de fotógrafos esperando. La reacción del público ante el coche fue increíble; a pesar de su origen humilde, estaba destinado a convertirse en una estrella. Los modelos básicos tenían un motor de seis cilindros y 100 CV, pero la mayoría de los clientes querían un V8

Motor:	Posición frontal, V8	**Velocidad punta:**	255 km/h
Capacidad:	4.735 cm³	**Aceleración:**	De 0 a 96 km/h
Potencia:	225 CV a 4.800 r.p.m.		en 9 segundos

FORD THUNDERBIRD 1955

El Thunderbird es un nuevo tipo de deportivo. Estamos convencidos de que definirá una nueva tendencia para la industria del automóvil. Ofrece todo el confort, las comodidades y la protección completa que podemos encontrar en los modernos automóviles de hoy día. Representa una formidable combinación de diseño atractivo, líneas de perfil bajo, altas prestaciones y asombrosa estabilidad, todo ello dentro de una sólida carrocería fabricada íntegramente en acero.» Así se pronunciaba el director de ventas de Ford, L. W. Smead, en una conferencia de prensa en la mesa redonda sobre diseño de Ford de 1954. No obstante, no mencionó que Ford había dado con el mejor nombre para un coche en la historia de la automoción. Le preocupaba que todo el mundo entendiera que no se trataba de una reacción al Corvette de Chevrolet. Éste era un nuevo tipo de deportivo, que no parecía en nada un deportivo. Ofrecía un confort y comodidades que el Corvette, con su capota plegable y sus parabrisas laterales, no tenía. Además, contaba con una sólida carrocería de acero, mientras que el Corvette empleaba un casco de fibra de vidrio. No tenía que haberse preocupado. Con un nombre y un aspecto así, ¿cómo iba a fallar el Thunderbird? En 2002 se construyó un modelo «Retro-Bird».

MOTOR:	Posición frontal, V8	**VELOCIDAD PUNTA:**	175 km/h
CAPACIDAD:	5.113 cm³	**ACELERACIÓN:**	De 0 a 96 km/h
POTENCIA:	225 CV a 4.600 r.p.m.		en 12 segundos

GORDON-KEEBLE GK1 1964

John Gordon dirigía una compañía llamada Peerless Motors, con sede en Slough. Jim Keeble dirigía un garaje en Ipswich. Uno de los clientes de Keeble le pidió que le montara un Chevrolet V8 en uno de los Peerless GT de Gordon, que normalmente utilizaban un Triumph TR3. Tanto Gordon como Keeble sintieron que el proyecto podía ser un éxito comercial, de modo que empezaron a colaborar. Su prototipo, el Gordon GT, se presentó en el Salón del Automóvil de Ginebra de 1960, con un chasis integrado envuelto en una carrocería diseñada por Giugiaro. Un Corvette V8 utilizaba una transmisión manual de cuatro velocidades y un eje trasero De Dion. Las versiones de fabricación en serie sustituyeron los paneles de acero originales por otros de fibra de vidrio. El resultado fue un precioso GT 2+2, con todo lo mejor del Jaguar E-Type y del Aston Martin DB4, más una carrocería a prueba de óxido que a ambos coches les hubiera venido también de perlas. Era un coche muy civilizado y engañosamente rápido. Lamentablemente, los compradores no estaban preparados para pagar más de 4.000 libras por un coche que era toda una incógnita, y sólo llegaron a producirse 99 unidades.

Motor:	Posición frontal, V8
Capacidad:	5.355 cm³
Potencia:	300 CV a 5.000 r.p.m.
Velocidad punta:	220 km/h
Aceleración:	De 0 a 96 km/h en 7,5 segundos

HONDA NSX 1990

El propósito del NSX era demostrar que Japón (u Honda, al menos) podía construir un deportivo del más alto nivel, y así lo hizo. Honda llevaba mucho tiempo siendo marca predominante en las competiciones de motocicletas y, en 1964, se convirtió en el primer fabricante japonés en participar en la Fórmula 1, de modo que no le faltaba experiencia en el mundo de la competición. Se puso un inmenso cuidado en el desarrollo del coche, y se probaron y descartaron numerosas combinaciones de motores y componentes dinámicos. Al final, apareció un cupé de motor central, diseñado por Pininfarina pero con un aspecto que lograba no parecer italiano, e impulsado por una unidad de carreras V6. En toda su construcción se emplearon materiales ligeros, y se montó un sofisticado sistema de control de tracción como opción de serie. Muchos, sobre todo los europeos, encontraron que esta incursión de Oriente era tosca, insulsa y ostentosa a partes iguales, pero los estadounidenses, a quienes estaba dirigido claramente el NSX, apreciaron el coche como merecía, por su fabulosas prestaciones y su civilizado comportamiento en carretera, así como por lo excitante que podía ser su ruidoso motor V6.

Motor:	Posición central, V6
Capacidad:	2.977 cm^3
Potencia:	270 CV a 7.100 r.p.m.
Velocidad punta:	260 km/h
Aceleración:	De 0 a 96 km/h en 5,9 segundos

HUDSON COMMODORE 1948

En Estados Unidos, como en Europa, la mayoría de los coches ofertados en los primeros años de posguerra eran modelos de preguerra recalentados, pero el Hudson era una magnífica excepción de esa regla. El nuevo Hudson estaba basado en un diseño monocasco que, aunque no era totalmente nuevo, resultaba innovador. Prescindir del chasis permitía rebajar significativamente la carrocería, dando lugar a lo que la publicidad de Hudson describía como diseño «Step-Down»: se bajaba para entrar en el coche, en lugar de montarse en él. La línea del techo se rebajó y el resultado fue una berlina altamente aerodinámica y con un comportamiento excepcionalmente ágil. La potencia solía correr a cargo de un sencillo pero sólido motor Super Six de Hudson que desarrollaba sólo 7 caballos de potencia menos que el motor alternativo de ocho cilindros en línea, y era considerablemente más ligero. Se ofrecían diversas opciones de transmisión: el Hudson «Step-Down» por excelencia fue el Hornet, que obtuvo un gran éxito en las carreras de NASCAR. Por desgracia, Hudson nunca pudo permitirse desarrollar un V8, que es lo que querían los estadounidenses en los años cincuenta, y Hudson desapareció en 1957.

Motor:	Posición frontal, seis cilindros
Capacidad:	4.293 cm^3
Potencia:	121 CV
Velocidad punta:	185 km/h
Aceleración:	De 0 a 96 km/h en 12 segundos

ISO GRIFO 1969

La compañía Iso de Milán era una filial fabricante de motocicletas que produjo el «coche huevo» Isetta en los años cincuenta. En 1955 vendió el diseño a BMW y en 1960 presentó un proyecto mucho más glamuroso. El propietario de la compañía, Renzo Rivolta, visitó la Feria del Automóvil de Earls Court en Londres y quedó muy impresionado por la belleza del deportivo Gordon-Keeble de carrocería Bertone y motor Corvette que se exhibía allí. Decidió repetir la fórmula y, en 1962, produjo el cupé Iso Rivolta, diseñado por Bertone. Un año más tarde volvería a recurrir a Bertone para producir un biplaza con un estilo mucho más radical, el Grifo. Las cifras sobre capacidad del motor y prestaciones crecieron sin parar y se produjeron versiones de carreras de la mano de Bizzarini. En su configuración de carreras, estos coches podían superar los 290 km/h. Pese a su indestructible motor americano, el Grifo demostró ser muy temperamental para la mayoría de los compradores (incluso para los estándares italianos) y demasiado vulnerable al óxido para cualquiera salvo para los restauradores más concienzudos. Su producción cesó en 1974. Se ha hablado de una posible resurrección del modelo, pero aún no se ha materializado.

Motor:	Posición frontal, V8
Capacidad:	6.998 cm³
Potencia:	390 CV a 5.200 r.p.m.
Velocidad punta:	275 km/h
Aceleración:	De 0 a 96 km/h en 7,1 segundos

ISO RIVOLTA 1962

La influencia del Gordon-Keeble puede verse claramente en las elegantes pero modestas líneas del Iso Rivolta. Se trata del primer coche producido por Renzo Rivolta, propietario de la fábrica de motocicletas Iso de Milán. El chasis fue diseñado y construido por Giotto Bizzarini. El diseño de su carrocería 2+2, al igual que la del Gordon-Keeble, era obra de Bertone. Los motores y transmisiones se importaban de Detroit, emulando de nuevo al GK1 al emplear un Chevrolet V8. El Rivolta pretendía ser un gran turismo en lugar de un deportivo, razón por la que, además de la caja de cambios manual ZF de cinco velocidades, se incluyó la posibilidad de elegir una configuración de transmisión automática Borg-Warner o GM Powerglide. El Rivolta permitía desplazarse velozmente, con un notable confort y seguridad para cuatro pasajeros, y el guarnecido interior era de la más alta calidad. Puede que su estilo sobrio no fuera capaz de atraer al gran mercado o que, al igual que en el caso del Gordon-Keeble, el nombre no tuviera el prestigio suficiente. Dejó de fabricarse en 1970.

Motor:	Posición frontal, V8
Capacidad:	5.359 cm^3
Potencia:	300 CV a 5.000 r.p.m.
Velocidad punta:	200 km/h
Aceleración:	De 0 a 96 km/h en 7,9 segundos

JAGUAR MKII 1960

El elegante y potente MkII de Jaguar, toda una berlina deportiva, era el descendiente directo del MkI de 1956. Su aspecto había mejorado enormemente gracias al estrechamiento de los pilares de la puerta trasera, lo que dotaba al coche de una apariencia más espaciosa. Su carrocería magníficamente equilibrada era obra del gran sir William Lyons. La parte trasera era más ancha que antes, aunque seguía siendo más estrecha que la delantera, lo cual hacía que fuera bastante «emocionante» en las curvas cuando se conducía deprisa (y este coche podía conducirse realmente deprisa, sobre todo cuando se elegía el motor de 3,8 litros). Las opciones de motor originales fueron de 2,4 litros (como en el MkI) y de 3,4 litros. Las ruedas con radios de alambre eran un complemento opcional a la vez atractivo y práctico, ya que ayudaban a refrigerar los frenos de disco. El interior era suntuoso, con un generoso guarnecido en cuero Connolly y abundantes acabados con revestimiento de madera de nogal. Se hizo inmensamente popular en Estados Unidos, donde su combinación de encanto del viejo mundo e increíbles prestaciones resultaba irresistible.

Motor:	Posición frontal, seis cilindros	**Velocidad punta:**	200 km/h
Capacidad:	3.781 cm³	**Aceleración:**	De 0 a 96 km/h
Potencia:	220 CV a 5.500 r.p.m.		en 8,6 segundos

JAGUAR XJ220 1991

Pensado originalmente para comerse el mundo, como había hecho el E-Type en los sesenta, el XJ220 era una creación del ingeniero jefe de Jaguar, Jim Randle. La potencia vendría de la mano de una versión totalmente rediseñada del V12 de 5,3 litros, ampliado hasta los 6,2 litros, con dos árboles de levas por bancada y cuatro válvulas por cilindro. Un motor que, para algunos, debería haberse utilizado desde el primer momento. Se llevó a cabo un tremendo esfuerzo para fabricar el coche a tiempo para el Salón del Automóvil de Birmingham de 1988, donde se presentó una carrocería diseñada por Keith Helfet que sólo podía describirse como fabulosa. El coche tenía puertas de apertura vertical, tracción integral, suspensión adaptable y frenos antibloqueo. Jaguar fue adquirida por Ford al año siguiente, y el proyecto se enfrió. La versión revisada que apareció en el Salón del Automóvil de Tokio en 1991 no contaba con ninguna de las mejoras antes mencionadas, ni tenía tampoco un motor V12. Ahora la potencia procedía de un V6 de 3,5 litros y doble turbocompresor basado en un Ford Cosworth. Éste fue, hasta la llegada del McLaren F1, el turismo más rápido del mundo, pero no el coche que debería haber sido.

Motor:	Posición central, V6	**Velocidad punta:**	345 km/h
Capacidad:	3.498 cm^3	**Aceleración:**	de 0 a 96 km/h
Potencia:	542 CV a 7.200 r.p.m.		en 4 segundos

JAGUAR XK 2007

El último deportivo Jaguar, cortesía de la Ford Motor Company, parecía ser exactamente el sucesor del E-Type que los amantes de Jaguar habían estado esperando durante tres décadas.
A principios de 2006 se puso a la venta un modelo cupé al que, más tarde en ese mismo año, seguiría un descapotable. Se trata de un coche totalmente nuevo y equipado con una tecnología altamente avanzada, y eso es exactamente lo que parece. El nuevo XK contaba con una estructura monocasco realizada íntegramente en aluminio que añadía rigidez y reducía el peso al mismo tiempo. La potencia provenía de un probado motor Jaguar V8, pero incorporaba además una transmisión automática secuencial de seis velocidades controlada mediante levas situadas a ambos lados del volante, con el fin de permitir los cambios manuales. Incluía de serie un sistema de frenos ABS y una dirección con asistencia electrónica Servotronic 2 de Bosch. El control de estabilidad dinámico desactivable TRAC con control total de la tracción, un monitor de la presión de las ruedas y un juego de neumáticos lisos lo convertían en un coche a la vez seguro y excitante.

Motor:	Posición frontal, V8
Capacidad:	4.196 cm^3
Potencia:	300 CV a 6.000 r.p.m.
Velocidad punta:	250 km/h
Aceleración:	De 0 a 96 km/h en 5,9 segundos

JAGUAR XK120 1948

La obra maestra de William Lyons, responsable de todos los Jaguar, se presentó en el Salón del Automóvil de Londres de 1948. Durante la Segunda Guerra Mundial, la empresa había desarrollado un motor de seis cilindros y 3,4 litros con doble árbol de levas en culata, el legendario XK. Se concibió para impulsar una nueva berlina de lujo, el MkVII, pero acabaría llegando primero al deportivo con el chasis del MkV. Las aclamadas prestaciones del coche fueron objeto de desconfianza y de un acalorado debate, pero las voces discordantes quedaron silenciadas por un coche capaz de alcanzar una velocidad de 210 km/h. La demanda de esta máquina de excelsa elegancia fue masiva, sobre todo desde Estados Unidos. El propio Harley Earl, famoso director de diseño de GM, conducía un XK120. Los ligeros paneles de aluminio que vestían los primeros ejemplares no tardarían en sustituirse por acero con el fin de acelerar y simplificar la producción. Después llegaron versiones cupé de techo fijo y descapotables, que incluían los tradicionales revestimientos de cuero y el lujoso interior en madera de nogal de Jaguar, pero la naturaleza de la bestia estaba definida por su magnífico motor, que se perfeccionó hasta 1992.

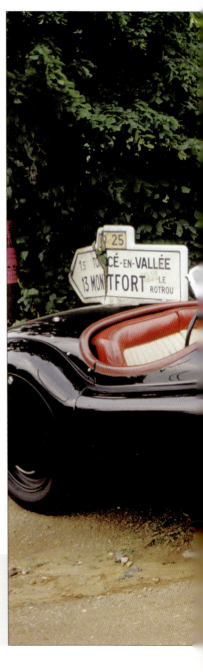

Motor:	Posición frontal, seis cilindros
Capacidad:	3.442 cm³
Potencia:	160 CV a 5.000 r.p.m.
Velocidad punta:	195 km/h
Aceleración:	De 0 a 96 km/h en 12 segundos

JAGUAR XKE E-TYPE 1961

El Jaguar E-Type es el icono definitivo del estilo de los acelerados años sesenta en Inglaterra. Para aquellos acostumbrados a las monótonas y pesadas berlinas y a los ruidosos motores de la época, parecía algo de otro mundo. Parecía inconcebible que un coche pudiera ser tan *sexy*. Aquel glorioso estilo fue obra de Malcolm Sayer, quien había producido anteriormente los soberbios deportivos de carreras de Jaguar, como el C-Type y el D-Type. Sin embargo, el E-Type estaba diseñado para la carretera y podía adquirirse por 2.000 libras, algo nunca visto. Presentado por primera vez en Ginebra, el coche causó sensación y era capaz, con algunos retoques, de alcanzar los 240 km/h. Los primeros ejemplares incluían una caja de cambios Moss a la que le faltaba sincronización en la primera velocidad; ésa era la causa del habitual crujido que se escuchaba cuando un E-Type iniciaba la marcha. En 1966 se suprimieron las protuberancias de los faros delanteros; aunque se afirmó que el motivo era una inadecuada distribución de la luz, es probable que la verdadera razón fuera su coste. Después llegaron otras encarnaciones, entre las que se incluía un abultado 2+2 y el V12 de 5,3 litros, excesivamente pesado, que ofrecía menos potencia que el 3,8 original, muy superior.

Motor:	Posición frontal, seis cilindros
Capacidad:	3.781 cm³
Potencia:	265 CV a 5.500 r.p.m.
Velocidad punta:	240 km/h
Aceleración:	De 0 a 96 km/h en 7 segundos

JAGUAR XKR 1998

Presentado por primera vez (como su ilustre predecesor, el E-Type) en Ginebra, el XKR era el Jaguar más rápido de la historia, capaz de pasar de 0 a 96 km/h en 5,2 segundos. Su enérgico V8 sobrealimentado tenía dos árboles de levas por bancada de cilindros y contaba con un turbo Eaton M112. La potencia se transmitía a través de una caja de cambios de cinco velocidades. El XKR estaba disponible en versión cupé y descapotable, pero tenía el mismo insípido estilo «corporativo» del XK8, que confiaba demasiado en la gloria del E-Type en lugar de establecer una identidad sólida por sí mismo. Acorde al estilo americano, en 2000 se produjo una «edición limitada» (con pintura especial) para celebrar la entrada de Jaguar en la competición de Fórmula 1, mientras que en 2001 apareció una versión «conmemorativa» para señalar el centenario del nacimiento del fundador de Jaguar, sir William Lyons. Incluso aunque sir William no hubiese quedado impresionado por el estilo del XKR, es muy probable que le hubiera otorgado su aprobación incondicional por sus prestaciones. La velocidad punta del XKR era de unos modestos 250 km/h.

MOTOR:	Posición frontal, V8	**VELOCIDAD PUNTA:**	250 km/h
CAPACIDAD:	3.996 cm³	**ACELERACIÓN:**	De 0 a 96 km/h
POTENCIA:	370 CV a 6.150 r.p.m.		en 5,2 segundos

JENSEN CV8 1962

En 1962, Jensen Motors, de West Bromwich, sustituyó el motor Austin de 4,5 litros, que impulsaba a sus modelos 541 de fibra de vidrio, por el músculo americano: un Chrysler V8. Quizá de forma poco original, el nuevo coche se denominó CV8, y ofrecía un exclusivo y lujoso transporte de gran velocidad para la «gente guapa» de los acelerados años sesenta. Desgraciadamente, muchos de ellos no encontraban muy atractivo al CV8. Con sus agresivos y ceñudos faros delanteros de forma sesgada y con una parte trasera que parecía haber sido diseñada por una comisión ad hoc, el CV8 no podía considerarse un aspirante al premio al coche más bello de todos los tiempos. Además, era caro (mucho más que un atractivo Jaguar E-Type, por ejemplo) y su mantenimiento tampoco era precisamente barato, con un consumo de 16,8 litros/100 km. No obstante, la propia rudeza del CV8 se ganó muchos admiradores, y su carrocería a prueba de óxido ha garantizado la supervivencia de un gran número de unidades con el paso del tiempo, mientras que otros Jensen posteriores, con carrocería de acero, han sucumbido a la corrosión.

Motor:	Posición frontal, V8	**Velocidad punta:**	220 km/h
Capacidad:	5.910 cm³	**Aceleración:**	De 0 a 96 km/h en 6,7 segundos
Potencia:	330 CV a 4.600 r.p.m.		

JENSEN FF 1966

El Jensen FF es un ejemplo clásico de un coche verdaderamente adelantado a su tiempo. Se llevaron a cabo experimentos de montaje de un sistema de tracción integral «Ferguson Formula» totalmente independiente en el CV8, pero finalmente se decidió que Jensen debía producir un coche que, aparte de ser tecnológicamente avanzado, tuviera un aspecto estético mucho más atractivo. El resultado fue el Interceptor FF. El diseño corrió a cargo de la empresa Touring de Milán. El coche tenía una apariencia sensacional, que combinaba el estilo italiano con un toque de agresividad británica. Una de las características más llamativas era la enorme luneta envolvente trasera, que ofrecía una excelente visibilidad. Se incorporaron frenos antibloqueo Maxaret de Dunlop, que dotaban al coche de un comportamiento increíblemente estable en prácticamente cualquier situación. Por desgracia, y debido en gran parte a su coste, los clientes preferían la versión «reducida», sin FF ni Maxaret. En 1971, el mismo año en que se suprimió la opción FF, apareció una versión aún más potente del Interceptor, con un motor de 7,2 litros y carburadores triples: el SP. El motor grande, con un solo carburador de cuatro cuerpos, se utilizó en todos los Interceptor III, incluido el extraño cupé y el descapotable.

Motor:	Posición frontal, V8
Capacidad:	6.276 cm^3
Potencia:	325 CV a 4.690 r.p.m.
Velocidad punta:	210 km/h
Aceleración:	De 0 a 96 km/h en 7,4 segundos

JENSEN-HEALEY 1974

El Jensen-Healey era un valiente intento de producir un deportivo tradicional inglés al estilo del MGB y del Triumph TR6. Seguramente, la intención de Jensen debía ser que el coche aumentara el atractivo de la compañía entre los jóvenes, un mercado que cobraba cada vez mayor importancia. Donald Healey logró una combinación muy atractiva con todo lo necesario. Tenía el aspecto de un deportivo tradicional y funcionaba como tal, pero también una especie de frescura y modernidad que lo hacían único. La potencia provenía de un motor de aleación de cuatro cilindros y doble árbol de levas e culata desarrollado por Lotus, que era necesario inclinar hacia un lado para poder colocarlo bajo la reducida línea del capó del J-H. Su mantenimiento era algo difícil, ¡mucho más complejo que un MGB! Las juntas de las tapas del árbol de levas eran un punto débil, y era preciso desmontar todo el conjunto del carburador (un Dell'Orto de doble cuerpo y dos estranguladores) para poder cambiar el filtro del aceite. El Jensen-Healey era una pesadilla mecánica con una conducción de ensueño. Los coches de la Serie III estaban equipados con una caja de cambios de cinco velocidades, y en sus últimos tiempos se llegó a presentar una versión GT. La producción del Jensen cesó en 1976.

Motor:	Posición frontal, cuatro cilindros	**Velocidad punta:**	200 km/h
Capacidad:	1.973 cm³	**Aceleración:**	De 0 a 96 km/h
Potencia:	140 CV a 6.500 r.p.m.		en 7 segundos

LAGONDA 1976

Aunque el Lagonda de 1976 era, a todas luces, un Aston Martin V8 de cuatro puertas, su identidad individual era tan fuerte que merece tener su propia entrada. David Brown adquirió Aston Martin en 1947 y, más tarde, compró Lagonda para conservar su espléndido motor de seis cilindros y doble árbol de levas en culata. El Rapide, una versión tipo berlina registrada como Lagonda, se produjo hasta 1964. A principios de los setenta, un intento de producir un nuevo cuatro puertas cayó en el fracaso, pero algunas partes del proyecto fueron recuperadas y empleadas en el coche de 1976, con un sensacional diseño de William Towns. Se dice que Towns completó el diseño en un mes. El coche se convirtió en la estrella del Salón del Automóvil de Londres de 1976. No era sólo su carrocería llamativa (y extremadamente elegante) en forma de cuña lo que suscitó tal fascinación, sino la plétora de sistemas electrónicos «de la era espacial». El panel de instrumentos parecía sólo una superficie de cristal negro hasta que el coche se ponía en marcha y se encendía como una futurista pantalla gráfica, ¡incluso hablaba! El Lagonda trataba de parecer deportivo e imponente al mismo tiempo. Era, y sigue siendo, un coche sin parangón.

Motor:	Posición frontal, V8	**Velocidad punta:**	225 km/h
Capacidad:	5.340 cm³	**Aceleración:**	De 0 a 96 km/h en 8,8 segundos
Potencia:	290 CV		

LAMBORGHINI COUNTACH 1974

«Countach!» es una expresión piamontesa que implica sorpresa y admiración. La aproximación más cercana en español sería «¡cáspita!» o simplemente «¡vaya!». Si miramos el coche, resulta fácil comprender por qué causó esa sensación. Resulta extraordinario pensar que el Countach se presentó por primera vez ante el público en el Salón del Automóvil de Ginebra en 1971. ¿Cuántos coches de más de 35 años de edad son capaces de seguir captando las miradas y de atraer a una multitud? Su mecánica es tan imaginativa y atrevida como su estilo, obra de Marcello Gandini, de Bertone. La caja de cambios está situada delante del motor y la columna de la dirección pasa a través del cárter. Hicieron falta tres años de desarrollo desde la presentación original hasta que salieron de fábrica las primeras unidades. Cuando lo hicieron, su conducción requería una habilidad y valor considerables. El Countach es anterior al control de tracción, a la suspensión reactiva e incluso a los frenos antibloqueo. Su capacidad se incrementó hasta los 4,7 litros en 1982 y hasta los 5,2 litros en 1985, gracias a la adición de culatas de cuatro válvulas. En 1988 se presentó una edición para celebrar el 25.º aniversario de la empresa.

Motor:	Posición central, V12
Capacidad:	3.929 cm^3
Potencia:	375 CV a 8.000 r.p.m.
Velocidad punta:	280 km/h
Aceleración:	De 0 a 96 km/h en 5,7 segundos

LAMBORGHINI ESPADA 1968

Estaba previsto que el Espada incorporase el admirado motor V12 de Jaguar. Lamentablemente, no lo hizo, y en su lugar acabamos con el XJS. Lamborghini fue la beneficiaria de la timidez de British Leyland y montó su propio V12, mucho más imaginativo, en la soberbia carrocería Bertone de Marcello Gandini. El Espada pertenece a un grupo muy selecto de automóviles que combinan las prestaciones de un supercoche con espacio para cuatro pasajeros. Se trata de un motor muy cómodo e incluso lujoso, y realmente se conduce como un Lamborghini, siempre que evitemos la transmisión automática opcional, claro. Sin embargo, la dirección asistida (disponible en los coches MkII) es una sabia incorporación, ya que sin ella el Espada necesita una gran «participación» por parte del conductor a bajas velocidades. El cupé 2+2 Jarama se presentó en 1970, pero, a pesar de sus impresionantes prestaciones, parecía bastante vulgar comparado con el Espada y su compañero de escudería, el fabuloso Miura. El Jarama fue el último coche de motor frontal de Lamborghini.

Motor:	Posición frontal, V12	**Velocidad punta:**	250 km/h
Capacidad:	3.929 cm³	**Aceleración:**	De 0 a 96 km/h
Potencia:	350 CV a 7.800 r.p.m.		en 6,6 segundos

LAMBORGHINI GALLARDO 2003

El Gallardo es la nueva oferta de gama «básica» de Lamborghini. Aunque su estilo general es totalmente innovador, el Gallardo sigue siendo claramente un «Lambo». Su aspecto general destila fuerza y solidez, y eso es lo que ofrece. La potencia corre a cargo de un V10 de 90 grados desarrollado por Cosworth y basado en el V8 de 4,2 litros de Audi. El 80 % de los 520 Nm de par está disponible a 1.500 r.p.m. Todo el chasis integrado de aluminio pesa sólo 250 kg. El sistema de transmisión opcional E-Gear ofrece tres configuraciones: automática, normal y deportiva. La automática permite una conducción «fácil». La normal permite al conductor cambiar de marcha manualmente, aunque al acercarse al límite de revoluciones, la electrónica toma el control y cambia a la siguiente marcha de forma automática. La configuración deportiva no cambia de marcha automáticamente, sino que reduce notablemente los tiempos de cambio. El sistema de suspensión Frequency Selective Damping de Koni ofrece un confort al volante antes inimaginable en un coche como éste. El diseño y la calidad del interior se corresponden con la de su mecánica. El Gallardo es soberbio en todos los aspectos.

Motor:	Posición central, V10	**Velocidad punta:**	315 km/h
Capacidad:	4.961 cm³	**Aceleración:**	De 0 a 96 km/h
Potencia:	500 CV a 7.800 r.p.m.		en 4,2 segundos

LAMBORGHINI MIURA 1966

Lamborghini llevaba sólo tres años en el sector automovilístico cuando anunció el Miura, que se convirtió de inmediato en un nombre muy conocido que nadie podía pronunciar. El asombroso diseño es obra de Marcello Gandini, de Bertone, que sólo tenía 26 años por aquel entonces. El V12 de 3,5 litros y cuatro árboles de levas, diseñado por Giotto Bizzarini, le fue trasplantado desde el Lamborghini 350GT, y su capacidad se incrementó hasta los 3,9 litros. El motor estaba montado en posición central pero, como en el Ford GT40, se montaba de forma transversal, con la caja de cambios debajo. Uno de los detalles más sorprendentes del Miura es la «persiana veneciana» de la luneta trasera, cuya finalidad práctica era la de ayudar a disipar el calor del motor. De forma similar, las «pestañas» que rodeaban a los faros delanteros giratorios eran en realidad conductos de ventilación para ayudar a enfriar los frenos delanteros. No obstante, el comportamiento de las primeras unidades no era tan bueno como sus prestaciones, ya que la parte frontal del Miura presentaba una alarmante tendencia a elevarse al circular a gran velocidad. La suspensión y la aerodinámica se mejoraron gradualmente para solventar el problema.

Motor:	Posición central, V12
Capacidad:	3.929 cm³
Potencia:	350 CV a 7.000 r.p.m.
Velocidad punta:	275 km/h
Aceleración:	De 0 a 96 km/h en 6 segundos

LAMBORGHINI MURCIELAGO 2001

El Murcielago es el primer Lamborghini producido bajo la tutela de VW, que delegó el desarrollo de la marca en Audi. La falta de fondos para investigación y desarrollo había impedido que Lamborghini pudiera ofrecer un nuevo modelo destacable que sustituyera al Diablo, que a su vez era el descendiente del Countach de 1971. Audi invirtió en el proyecto gran cantidad de tiempo, talento y dinero, pero amortizó con creces su inversión. El Murcielago tiene una apariencia llamativa y, al mismo tiempo, casi austera. Una caja de cambios de seis velocidades sustituyó a la de cinco marchas del Diablo y, como era de esperar dada la participación de Audi, el coche cuenta con un sistema de tracción permanente a las cuatro ruedas. La simplicidad de las líneas de la carrocería se mantiene gracias a la presencia de una serie de aletas móviles y de un alerón, que ayudan a enfriar el motor y mejoran la estabilidad a gran velocidad, respectivamente. La parte frontal del coche puede elevarse casi 5 cm para permitirle pasar sobre las bandas de seguridad. Y por si fuera poco, el Murcielago está considerado como el Lamborghini más fácil de conducir.

Motor:	Posición central, V12
Capacidad:	6.192 cm³
Potencia:	571 CV a 7.500 r.p.m.
Velocidad punta:	330 km/h
Aceleración:	De 0 a 96 km/h en 3,8 segundos

LANCIA AURELIA 1950

El Lancia Aurelia fue el primer coche de la historia impulsado por un motor V6. El proceso de diseño había comenzado durante la Segunda Guerra Mundial bajo la supervisión de Francesco de Virgilio, un brillante ingeniero que resolvió el problema de equilibrio de dicho motor y descubrió que el ángulo óptimo entre las bancadas de cilindros era de 60 grados. Los prototipos de posguerra para un nuevo Aprilia, en cambio, sólo permitían un ángulo de 45 grados, debido a lo estrecho que era el compartimento del motor. Tras muchas pruebas infructuosas, se abandonó el Aprilia en favor del diseño de Virgilio. El resultado fue el B20 Aurelia. Vale la pena comentar que el director técnico del proyecto no era otro que el legendario Vittorio Jano, quien había sido el responsable de los magníficos coches de carreras P2 y P3 de Alfa Romeo. Jano se hizo cargo del diseño del chasis, que incorporaría una suspensión trasera totalmente independiente, mientras que Virgilio se concentraba en el motor. El coche resultante, vestido con una variedad de bellas carrocerías, aunque ninguna más fascinante que la del B24 Spider y el descapotable, se convirtió en el primer clásico italiano de la posguerra.

Motor:	Posición frontal, V6	**Velocidad punta:**	175 km/h
Capacidad:	2.451 cm³	**Aceleración:**	De 0 a 96 km/h
Potencia:	118 CV a 5.000 r.p.m.		en 12,5 segundos

LANCIA DELTA INTEGRALE 2002

La versión original del Lancia Delta estaba animada por un motor de 2 litros, cuatro cilindros, doble árbol de levas y dos válvulas por cilindro montado transversalmente. En 1986 apareció el primer coche de *rally* para el «Grupo A», basado en el desarrollo del Delta HF sobrealimentado con tracción integral. En asociación con Abarth, Lancia inició el desarrollo del Integrale. Con objeto de obtener la homologación con fines deportivos, era necesario que Lancia produjera y vendiera 5.000 unidades. Eso no supuso ningún problema, y el coche se hizo muy popular. En su versión de competición, el Integrale dominó el Campeonato del Mundo de *rallies* durante cinco años. A pesar de sus formas cuadradas, conducir el Integrale era una delicia, ya que era ligero, ágil, potente y rápido. Aunque su guarnecido, sus sistemas eléctricos y su calidad de acabado eran algo sospechosos, nada desmerecía el placer de conducción que podían ofrecer estos coches. Más tarde aparecieron versiones de cuatro válvulas y los modelos de competición fueron ajustados para producir el doble de potencia que las versiones de carretera. Lancia había fabricado coches notables, pero ninguno mejor que éste.

MOTOR:	Posición frontal, cuatro cilindros	**VELOCIDAD PUNTA:**	215 km/h
CAPACIDAD:	1.995 cm³	**ACELERACIÓN:**	De 0 a 96 km/h en 5 segundos
POTENCIA:	185 CV a 5.300 r.p.m.		

LANCIA STRATOS 1974

El Stratos se creó para lograr que Lancia dominara las carreras de coches de fabricación en serie y, sobre todo, los *rallies*. Lancia era parte del imperio Fiat, al igual que Ferrari, por lo que simplemente se decidió transplantar el motor de 2,4 litros del Dino al nuevo coche. Esto resultó relativamente sencillo, ya que el motor Ferrari estaba diseñado para su instalación en posición central. Para garantizar la calificación, era necesario fabricar 400 unidades de la versión de calle en menos de un año. Aunque estos coches eran caros, no resultó difícil encontrar compradores. Como era habitual, la culata de dos válvulas por cilindro no tardaría en sustituirse por una versión de cuatro válvulas, lo cual incrementó aún más su rendimiento. El Stratos demostró ser imbatible en competición. Se trataba, en esencia, de un coche de carreras adaptado, aunque no demasiado, para su uso en carretera. En situaciones de tráfico se trataba de una bestia con malas pulgas e intratable, pero tan apropiado para las carreras que Lancia siguió construyendo modelos de competición durante mucho tiempo después de que cesara la producción en serie.

Motor:	Posición central, V6
Capacidad:	2.418 cm^3
Potencia:	190 CV a 7.000 r.p.m.
Velocidad punta:	225 km/h
Aceleración:	De 0 a 96 km/h en 5,4 segundos

LOTUS ELAN 1963

El nuevo Lotus Elan era, con diferencia, el coche más «civilizado» que había producido la compañía de Colin Chapman, pero, por suerte, no demasiado. La ligera carrocería de fibra de vidrio estaba montada sobre un chasis de tubo central extremadamente rígido, lo que aportaba al coche unas excelentes cualidades de comportamiento. El motor Lotus/Ford de 1,5 litros desarrollaba potencia más que suficiente para justificar el nombre del coche.

El Elan se movía con *élan* («entusiasmo», en francés). La caja de cambios de cuatro velocidades y estilo Porsche tenía un funcionamiento extremadamente ligero pero era muy robusta, lo que incitaba a realizar una conducción entusiasta. El espacio para equipaje era reducido y las protecciones contra las inclemencias meteorológicas, mínimas, pero nos encontramos ante un genuino coche de carreras que podía adquirirse por sólo 1.000 libras. También podía construirlo uno mismo a partir de un kit de montaje. Aunque se suele describir como un turismo, el verdadero lugar del Elan no eran las autopistas, y en un viaje largo, el ruido del motor y la dureza de la suspensión podían resultar agotadores. Sin embargo, en un tramo de carreteras secundarias, lleno de curvas y cambios de rasante y de peralte, ofrecía un grado de diversión difícil de igualar a ningún precio.

Motor:	Posición frontal, cuatro cilindros
Capacidad:	1.498 cm³
Potencia:	100 CV a 5.700 r.p.m.
Velocidad punta:	175 km/h
Aceleración:	De 0 a 96 km/h en 9,4 segundos

LOTUS ELISE 1995

El Lotus Elise podría describirse como el Elan para el nuevo milenio. Como su ilustre antecesor, el Elise pretendía ofrecer la máxima satisfacción al volante con el mínimo de aditamentos innecesarios, como confort o sentido práctico. Era un deportivo sobrio y básico. Construido en torno a un chasis de aluminio pegado y a un tubo con una ligera carrocería de fibra de vidrio, el Elise era espartano y práctico. La principal diferencia entre el Elise de los noventa y el Elan de los sesenta es el hecho de que el motor del Elise está montado en posición central, lo que le proporciona un comportamiento excepcional. La potencia procede del motor de aluminio de la Serie K de Rover, conectado a una robusta caja de cambios con transeje y cinco velocidades de relación cerrada, una receta muy parecida a la utilizada en el MGF. Puede que el Elise resultara más atractivo de conducir que el Elan pero, por desgracia, el mundo había cambiado. Hubo pocas ocasiones en que pudiera demostrar al máximo sus excelentes cualidades, y para la conducción diaria, su austeridad de equipamiento rayaba en la excentricidad. A pesar de lo buen coche que era y es, el Elise se convirtió en un complemento de moda.

Motor:	Posición central, cuatro cilindros	**Velocidad punta:**	200 km/h
Capacidad:	1.796 cm^3	**Aceleración:**	De 0 a 96 km/h
Potencia:	118 CV a 5.500 r.p.m.		en 5,7 segundos

LOTUS ELITE 1957

El Lotus Elite original, que no debe confundirse con la monstruosidad de los setenta que llevaba su mismo nombre, era un clásico deportivo británico. La compañía de Colin Chapman contaba con una sólida reputación en el mundo de la competición antes de producir su primer coche de carretera: el soberbio Elite. Su construcción era revolucionaria: el chasis era un monocasco en fibra de vidrio reforzado con tubos de acero. De no ser por el Corvette, el Lotus Elite hubiera sido el primer coche con carrocería de fibra de vidrio del mundo fabricado en grandes cantidades. Impulsado por un pequeño motor Coventry Climax con árbol de levas simple en culata conectado a una robusta caja de cambios de cuatro velocidades, requería una conducción dura y recompensaba al conductor que estuviera a la altura. El Elite era un coche al que no le importaban las sorpresas, pues su chasis de fibra de vidrio las afrontaba extraordinariamente bien. La carrocería, diseñada por Peter Kirwan-Taylor, era extremadamente depurada para un coche de los cincuenta. Por desgracia, su coste de producción hizo que el Elite no resultara muy rentable para Lotus, aunque logró causar sensación.

Motor:	Posición frontal, cuatro cilindros	**Velocidad punta:**	185 km/h
Capacidad:	1.216 cm³	**Aceleración:**	De 0 a 96 km/h
Potencia:	83 CV a 6.300 r.p.m.		en 11,3 segundos

LOTUS ESPRIT 1976

Como la joven de los versos de Longfellow, puede que el Lotus Esprit, con su flamante diseño de Giugiaro, fuera muy bueno, pero cuando era malo, lo era de veras. Renunciando a la simplicidad espartana, Lotus abrazó el estilo de los setenta con un deportivo de motor central y forma de cuña compacto, pulido y lujoso. Parecía un Ferrari, salvo en que no contaba con un motor V12. En su lugar, el Esprit incorporaba un motor de aluminio de cuatro cámaras, doble árbol de levas por culata y 16 válvulas, con una inclinación de 45 grados y algo más de 2 litros de capacidad. La refrigeración era uno de los principales problemas, y los ventiladores frontales eran conocidos por aspirar el polvo de la carretera, en ocasiones con resultados catastróficos. La sobrealimentación incrementó la potencia pero aumentó la tensión de un motor ya bastante forzado. En un día bueno, el Esprit podía ser un buen coche, pero, a pesar de su elegante exterior, se trataba de un cajón de sastre: un poco de Citroën, un poco de Opel, un poco de Lancia…
Un poco de todo. Teniendo todo esto en cuenta, podemos decir que los Esprit anteriores a 1987 fueron un poco decepcionantes. Aunque mejorarían.

Motor:	Posición central, cuatro cilindros
Capacidad:	2.174 cm³
Potencia:	210 CV a 6.000 r.p.m.
Velocidad punta:	185 km/h
Aceleración:	De 0 a 96 km/h en 11,3 segundos

LOTUS EUROPA 1966

El Europa fue el primer turismo Lotus de motor central. La compañía tenía mucha experiencia en esta disposición (obtenida de las carreras) y la aplicó de forma muy imaginativa en este pequeño híbrido. El motor y la transmisión fueron suministrados por Renault, procedentes del 16. El Renault 16 era un coche de tracción delantera, por lo que fueron necesarias algunas modificaciones, pero se llevaron a cabo con total éxito. Se esperaba poder distribuir el coche a través de los concesionarios Renault de toda Europa, de ahí el nombre. Se repitió la receta, por entonces ya conocida y útil, de un chasis integrado con carrocería de fibra de vidrio de Lotus. Al principio, la carrocería iba pegada al chasis, pero más tarde, con el fin de facilitar las tareas de mantenimiento y reparación, se empezó a atornillar. El comportamiento era soberbio, pero al coche parecía faltarle potencia. Esto acabó resolviéndose mediante el empleo de un Ford 1500 de doble árbol de levas en culata. El Europa se adaptó bien a su tiempo. A pesar de que no pretendía ser nada más que un biplaza, su interior era muy confortable. El Europa parecía el coche perfecto para los jóvenes amantes en el verano del amor… Y hay uno nuevo.

Motor:	Posición central, cuatro cilindros
Capacidad:	1.470 cm³
Potencia:	78 CV a 6.000 r.p.m.
Velocidad punta:	185 km/h
Aceleración:	De 0 a 96 km/h en 7,5 segundos

LOTUS EXIGE 2000

El Exige es una extensión del Elise y, como su predecesor, parece buscar ensalzar las virtudes de una conducción relajada en una era de bullicio general. Aunque por lo menos el Exige trata de ocultarlo. El coche cuenta con una tecnología nacida del mundo de las carreras. El chasis de aluminio extruido y fijado con epoxy es increíblemente ligero, mientras que la carrocería de fibra de vidrio es enormemente resistente. Los frenos están hechos de un compuesto de aluminio. Su inspiración descansa claramente en el Elise Coupé de 200 CV, desarrollado exclusivamente para las carreras y capaz de superar los 240 km/h. El Exige está lleno de sonido y furia e irradia carácter, pero todo siempre de forma un tanto exagerada. Su austero puesto de conducción tiene puntos de montaje para la instalación de un completo equipo de entretenimiento. Su comportamiento y agarre están por encima de toda duda, pero el rendimiento, visto el enorme alerón exterior y los arneses de competición del interior, no es mejor que el de muchas berlinas de lujo. ¿Podríamos atrevernos a sugerir que se trata hasta cierto punto de un cordero con piel de lobo?

Motor:	Posición central, cuatro cilindros
Capacidad:	1.796 cm³
Potencia:	190 CV a 7.800 r.p.m.
Velocidad punta:	200 km/h
Aceleración:	De 0 a 96 km/h en 5,5 segundos

LYNX XKSS 1957/2007

Jaguar construyó 16 XKSS, convertidos para su uso en carretera a partir del excedente de D-Type cuando la compañía abandonó el mundo de las carreras en 1956. Lynx, una firma especializada en la recreación exacta de Jaguar clásicos para clientes distinguidos y adinerados, ha construido 10 unidades hasta la fecha. Lynx tiene su sede en St. Leonards-on-Sea, en el sureste de Inglaterra. La compañía fue fundada en 1968 por el ingeniero Guy Black y el arquitecto Roger Ludgate. Produjeron su primer «nuevo clásico», el Lynx D-Type, en 1974. Tal es la calidad de su trabajo que han logrado prosperar en un mercado muy específico, creado por ellos mismos. Los paneles se fabrican a mano en aluminio sobre una base de madera. Los motores, obtenidos (como los órganos donados) de modelos E-Type desguazados, se desmontan y vuelven a montarse con sumo cuidado. El resultado es una obra maestra… ¿o una falsificación? El XKSS original era un modelo improvisado y rudimentario, con un chasis monocasco y una subestructura frontal tubular. Empleaba una versión mejorada del motor de seis cilindros y doble árbol de levas en la culata del Jaguar XK, al que se incorporaron carburadores triples Weber. Era extremadamente raro y deseable, como lo es también el Lynx.

MOTOR:	Posición frontal, seis cilindros
CAPACIDAD:	3.442 cm^3
POTENCIA:	250 CV a 6.000 r.p.m.
VELOCIDAD PUNTA:	235 km/h
ACELERACIÓN:	De 0 a 96 km/h en 5,2 segundos

MASERATI 3500GT 1957

La belleza del Maserati 3500GT, como la de tantos otros modelos exóticos de la época, reside en la amplia variedad de preciosas carrocerías que podrían crearse para vestir al coche y en el magnífico motor que descansa en su interior. En el caso del 3500GT, la carrocería fue obra de Touring y de Vignale, mientras que la del peculiar 5000GT fue diseñada por Allemano. El 3500GT estaba impulsado por un supermotor de carreras con seis cilindros y doble árbol de levas en culata de Maserati. El resto de componentes, simplemente, se compraron: una caja de cambios ZF alemana, un eje trasero Salisbury británico, etc. El resultado era un gran turismo de primera calidad y alta velocidad que se convertiría en la base para una larga y próspera línea de cupés y Spiders Maserati. Más tarde le siguió el 3500GTi, con inyección de gasolina Lucas, así como el Sebring y el Mistral, con carrocerías de Vignale y de Frua, respectivamente. Se fabricaron más de 3.500 coches en un periodo de 12 años, todos ellos elegantes, potentes y deseables. El 3500GT, con su motor probado en competición y su «robusto» sistema de suspensión, se convirtió en una opción tentadora en comparación con algunas de las máquinas más temperamentales que estaban produciendo otros fabricantes italianos en ese momento.

Motor:	Posición frontal, seis cilindros	**Velocidad punta:**	210 km/h
Capacidad:	3.485 cm³	**Aceleración:**	De 0 a 96 km/h
Potencia:	235 CV a 5.550 r.p.m.		en 8,1 segundos

MASERATI BORA 1972

El Bora fue el primer coche de calle con motor central de Maserati, y combinaba unas tremendas prestaciones con un comportamiento soberbio y un alto nivel de perfeccionamiento. En realidad se trataba de un gran turismo muy sofisticado y de la respuesta de Maserati al desafío lanzado por Lamborghini con la sublime forma del Miura. Maserati contaba con una experiencia considerable en diseños de motor central, obtenida sobre todo gracias a sus famosos bólidos Birdcage con chasis tipo jaula, pero no sabía mucho sobre los chasis de construcción unitaria. La eficiencia y elegancia con que se superaron los problemas inherentes al diseño de motor central dicen mucho a favor de Giulio Alfieri, ingeniero jefe de Maserati. Su sencillo y admirable estilo fue obra de Ital Design. El coche parecía rechoncho y práctico, sin ninguna evidencia de afectación de «macho». El interior era muy austero y espacioso para un coche de motor central, y era también cómodo y silencioso. El uso de la tecnología hidráulica de Citroën dio lugar a una frenada poco progresiva, una característica heredada por el encantador hermano pequeño del Bora, el Merak. El altísimo consumo del Bora, especialmente durante la crisis del petróleo de los setenta, sumado a la separación de Citroën y Maserati, hizo que la producción se limitara a menos de 600 unidades.

Motor:	Posición central, V8	**Velocidad punta:**	260 km/h
Capacidad:	4.719 cm³	**Aceleración:**	De 0 a 96 km/h en 6,5 segundos
Potencia:	310 CV a 6.000 r.p.m.		

MASERATI GHIBLI 1966–96

La cualidad que define al Ghibli es su refinamiento. El diseño original provenía de años de experiencia ganada tanto sobre la carretera como en las pistas por el incomparable Giulio Alfieri, director técnico de Maserati. El motor era fiable y la estética, un diseño comedido de Giugiaro. Era un coche para gente con gusto, un coche que susurraba en lugar de chillar. En muchos aspectos, la configuración del Ghibli, con motor frontal, tracción trasera y eje trasero rígido, era bastante básica, pero no cabía duda de su eficacia. Bajo cualquier criterio, el Ghibli era rápido y estable, y teniendo en cuenta que pesaba más de una tonelada y media, dichas características resultaban impresionantes. Se trataba de un coche con el que conductores y pasajeros podían disfrutar por igual de un largo recorrido: una progresión elegante y dinámica. Parecía representar el final de una era en el diseño de supercoches, pero Maserati ha retomado el estilo y ha mejorado lo que parecía inmejorable. En 1995 se inició la serie de carreras de Ghibli Open Cup y se presentó un modelo conmemorativo especial. Se dice que todos los coches completaron la Serie 9 sin necesidad de reconstruir el motor, lo cual supone un gran aliciente para los conductores de coches de calle.

MOTOR:	Posición frontal, V6
CAPACIDAD:	1.990 cm³
POTENCIA:	330 CV a 7.000 r.p.m.
VELOCIDAD PUNTA:	265 km/h
ACELERACIÓN:	De 0 a 96 km/h en 5,5 segundos

MASERATI MC12 2006

«Maserati ha diseñado un nuevo gran turismo conocido como MC12, del cual se ha desarrollado también una versión GT de competición. Como resultado, 37 largos años después de su última victoria en un campeonato internacional (1967, Cooper Maserati F1, Gran Premio de Sudáfrica), el Tridente está volviendo a las pistas.» Así hablaba el jefe de prensa de Maserati, para sorpresa de muchos. El MC12 representa un cambio de rumbo radical para Maserati, comparable a la presentación de su primer coche de motor central, el Bora, en 1972. El MC12 estará disponible sólo en azul y blanco, remontándose así a los grandes días de los coches de carreras Birdcage ('jaula') Tipo 60-61, llamados así por el diseño de su chasis tubular. El chasis del MC12 está formado por una combinación de fibra de carbono y nido de abeja de Nomex (una fibra con acción retardante del fuego desarrollada por DuPont). Incorpora una capota rígida desmontable y un habitáculo con la última tecnología, que sigue recordando a los lujosos GT de Maserati. La caja de cambios de seis velocidades controlada por ordenador funciona mediante levas y cuenta con dos modos: deportivo y de carreras.

MOTOR:	Posición central, V12
CAPACIDAD:	5.998 cm³
POTENCIA:	630 CV a 7.500 r.p.m.
VELOCIDAD PUNTA:	340 km/h
ACELERACIÓN:	De 0 a 96 km/h en 3,7 segundos

MASERATI QUATTROPORTE 2005

Los Maserati Quattroporte hace mucho que existen, y siempre han representado lo último en automoción lujosa y de altas prestaciones. Con un elegante diseño de Pininfarina, el Quattroporte, de 5 metros de largo, cuenta con una distribución del peso casi perfecta y el comportamiento de un deportivo. La caja de cambios secuencial electrónica de seis velocidades, controlada (como viene siendo habitual) mediante levas que se accionan con la punta de los dedos, permite una diversión máxima y comodidad en autopista, aunque el coche se mantiene dócil y manejable también en conducción por ciudad. El interior es suntuoso pero, como suele suceder en los Maserati, de un buen gusto soberbio: este coche hace todo lo que se le pide con estabilidad, elegancia y con un estilo único. El confort de limusina combina a la perfección con las prestaciones propias de la competición. Algunos fabricantes alemanes y británicos tendrán que esforzarse para igualar la «gracia, espacio y ritmo» de Maserati, como solían decir los anuncios de Jaguar.

Motor:	Posición frontal, V8
Capacidad:	4.244 cm^3
Potencia:	400 CV a 7.000 r.p.m.
Velocidad punta:	280 km/h
Aceleración:	De 0 a 96 km/h en 5,2 segundos

MAZDA RX-7 1978

Entre 1978 y 1985, se produjo más de medio millón de RX-7, testimonio de la eficiencia y eficacia del motor rotativo Wankel, al que Mazda había permanecido fiel cuando todos perdían interés por él. Las ventajas del diseño son un menor número de partes móviles y una transmisión de la potencia extremadamente suave. Sus inconvenientes iniciales eran un alto consumo de combustible y aceite, y la dificultad de conseguir juntas que fueran capaces de soportar la tensión generada en los momentos de máximo trabajo del rotor. Los compradores del revolucionario Ro80 de NSU no podían resistir la tentación de explotar la tremenda potencia del motor, lo cual daba lugar a una habitual y costosa rotura de las juntas. El cupé de Mazda tenía una caja de cambios de cinco velocidades (bastante áspera) y un comportamiento excelente y previsible. Se animaba a los propietarios a reprimir el entusiasmo que provocaba el motor por medio de la instalación de un avisador acústico, que sonaba cuando se superaban las 6.000 revoluciones. La dirección era pesada a baja velocidad, pero en carretera el Mazda tenía un funcionamiento extraordinario. En 1985 se creó una versión sobrealimentada, y su linaje continúa hasta hoy: el espléndido RX-8.

Motor:	Posición frontal, doble rotor Wankel
Capacidad:	2.292 cm^3
Potencia:	100 CV a 6.000 r.p.m.
Velocidad punta:	200 km/h
Aceleración:	De 0 a 96 km/h en 8,9 segundos

MCLAREN F1 1993

El McLaren F1 ha conservado su corona de coche de fabricación en serie más rápido del mundo durante más de una década, pero para ser capaz de mantener un ligero margen de superioridad sobre sus rivales, su coste de producción (y de compra) fue astronómico. Presentado al cierre del Gran Premio de Mónaco de 1993 (donde ganó un McLaren), el coche estaba valorado en un precio cercano al millón de dólares. Este coche había sido diseñado, de arriba abajo, por un equipo ganador de la Fórmula 1. Construido en torno a un chasis exactamente igual al de un F1, el McLaren estaba impulsado por un BMW V12 de 6 litros y cuádruple árbol de levas en culata, con una caja de seis velocidades y cambio secuencial. El F1 podía alojar a tres pasajeros. Sus prestaciones eran, como cabía esperar, increíbles, al igual que su seguridad. No era extraño ver a estos coches rodando en los alrededores de Surrey, donde se construían. Uno se pregunta si alguna vez se les pisaba a fondo, y cuál podría haber sido la reacción de la policía local, ya que intentar una persecución habría sido absolutamente inútil. Dejó de fabricarse en 1997.

Motor:	Posición central, V12
Capacidad:	6.064 cm^3
Potencia:	627 CV a 7.400 r.p.m.
Velocidad punta:	385 km/h
Aceleración:	De 0 a 96 km/h en 3,2 segundos

MERCEDES 230SL 1963

El Mercedes 230SL incorporaba todo lo mejor del diseño y la ingeniería alemanes. Tenía un diseño impecable, una construcción de gran calidad, un comportamiento eficiente y una fiabilidad absoluta, además de un encanto y un estilo refinado del que suelen carecer los coches alemanes. El 230SL era un coche para divertirse sin resultar frívolo. Presentado en el Salón del Automóvil de Ginebra de 1963, el coche estaba impulsado por un motor de seis cilindros, inyección de gasolina y elevado consumo que ofrecía una enorme potencia entregada con suavidad. La configuración estándar incluía una caja de cambios manual de cuatro velocidades, pero podía optarse también por una transmisión automática. La suspensión independiente, combinada con su anchura, daba lugar a una conducción estable y a un comportamiento seguro. Este elegante descapotable podía convertirse en un lujoso GT con sólo instalar su sólida capota rígida. La capacidad del motor se incrementó gradualmente, logrando así una aceleración más rápida. A pesar de su elevado precio de venta, la calidad del 230SL lo convirtió en un éxito de ventas.

Motor:	Posición frontal, seis cilindros	**Velocidad punta:**	200 km/h
Capacidad:	2.281 cm^3	**Aceleración:**	De 0 a 96 km/h en 10,3 segundos
Potencia:	170 CV a 5.600 r.p.m.		

MERCEDES 300SL 1954

Al igual que en el Lamborghini Countach, el rasgo más famoso del Mercedes 300SL eran sus puertas, que se abrían verticalmente y, cuando ambas estaban levantadas, parecían las alas de una gaviota, razón por la que se le conocía como el Mercedes «Gullwing» (en inglés, «ala de gaviota»). La razón de ser de esta peculiaridad no tenía nada que ver con el estilo, sino que era una cuestión de necesidad. El 300SL estaba construido sobre un chasis integrado extremadamente ligero y rígido, compuesto por un complejo entramado de tubos de metal. El bastidor no podía tener ningún hueco y una puerta convencional hubiese sido demasiado pequeña para permitir entrar o salir con algo de dignidad, de modo que las puertas tenían que abrirse hacia arriba. Pese a todo, el volante estaba diseñado para retirarse a fin de permitir que el conductor entrara o saliera. Debido a este método de construcción, el coche era muy ligero y también potente, impulsado por un sólido y robusto motor de seis cilindros y 3 litros, con árbol de levas simple en culata, que había logrado triunfar en competición. En su día, fue casi el coche más rápido en carretera, con sólo Ferrari como serio competidor.

Motor:	Posición frontal, seis cilindros	**Velocidad punta:**	250 km/h
Capacidad:	2.996 cm³	**Aceleración:**	De 0 a 96 km/h
Potencia:	190 CV a 6.000 r.p.m.		en 8,3 segundos

MERCEDES MCLAREN SLR 2005

El Mercedes McLaren trataba de combinar tradición e innovación. El coche es el resultado de la asociación entre McLaren y Mercedes en las carreras de Fórmula 1 e incorpora características propias de la competición. La carrocería está hecha de fibra de carbono y aluminio, fijada a un chasis estructural del mismo modo que sucede en un coche de F1. El doble turbocompresor chillaba como un alma en pena al pisar el acelerador, mientras los tubos de escape rugían en consonancia; toda la experiencia tenía un extraño aire clásico y peculiar. A esto se sumaba el hecho de que el conductor se sienta detrás del motor y mirando hacia un largo capó, como al conducir un 300SL. Además, el McLaren tiene puertas de «ala de gaviota», pero por ningún motivo aparte de que se trata de un rasgo característico de Mercedes. La transmisión se acciona a través de una caja de cambios «manumática» de cinco velocidades que incorpora las habituales levas de cambio. Aunque el agarre está fuera de toda duda, la suspensión es durísima. El coche transmite vigor, lo cual puede resultar atractivo para muchos posibles compradores.

Motor:	Posición frontal, V12
Capacidad:	5.496 cm^3
Potencia:	617 CV a 6.700 r.p.m.
Velocidad punta:	330 km/h
Aceleración:	De 0 a 96 km/h en 3,8 segundos

MG A 1955

Tres años después de que MG pasara a formar parte de la desafortunada British Motor Corporation, el MG A fue presentado ante el mundo. Podría haber aparecido antes de no haber sido porque el presidente de BMC, Leonard Lord, había dado preferencia al Healey 100 como modelo deportivo insignia de la compañía. A pesar del retraso, el MG A se convertiría en el deportivo de mayor popularidad del mundo. Se habían vendido más de 100.000 unidades cuando, en 1962, el modelo fue sustituido por el MG B, que se haría todavía más famoso. La popularidad del MG A era el resultado de una combinación de factores. Era atractivo, como debería serlo siempre un deportivo: una máquina de aspecto muy moderno tras la Serie T. Tenía unas buenas prestaciones, era robusto, fiable y, lo más importante, asequible. Se produjo también un modelo cupé con el techo en forma de burbuja y, por un coste adicional, podían elegirse unas elegantes llantas de radios. Sin embargo, la protección del habitáculo contra las inclemencias meteorológicas seguía siendo tosca, con ventanillas laterales desmontables en lugar de elevalunas. La versión de doble árbol de levas en culata ofrecía mayores prestaciones, pero a costa de la fiabilidad: los pistones se quemaban con frecuencia.

MOTOR:	Posición frontal, cuatro cilindros	**VELOCIDAD PUNTA:**	155 km/h
CAPACIDAD:	1.488 cm^3	**ACELERACIÓN:**	De 0 a 96 km/h
POTENCIA:	72 CV a 5.500 r.p.m.		en 15,4 segundos

MG B 1962

...de la A a la B. El MG B tenía un motor Austin y se convirtió en el deportivo más popular del mundo. El MG B era un coche más moderno que el MG A, al igual que éste había sido más moderno que los MG de la Serie T. El MG B era sofisticado, *sexy* y acorde con los años sesenta: era joven, divertido y asequible. Las ventanillas con elevalunas fueron una nueva característica bien acogida, que hizo que la conducción en invierno resultara mucho más confortable. La nueva carrocería era de construcción unitaria y fue diseñada por Don Hayter. La versión GT, presentada en 1965, fue un éxito de masas gracias a la combinación de deportividad y pragmatismo y, junto con el Austin A40, una de las primeras berlinas con portón británicas. En 1967 llegó una versión de 3 litros, el MG C, pero no llegó a hacerse popular debido a sus cuestionables características de comportamiento. Por su parte, el modelo V8 de 1973, que utilizaba el motor Buick de Rover, no tuvo ninguna oportunidad debido a la crisis del petróleo. La edición limitada RV8 de 1992 fue un tributo muy apropiado para un coche muy apreciado.

Motor:	Posición frontal, cuatro cilindros	**Velocidad punta:**	165 km/h
Capacidad:	1.798 cm³	**Aceleración:**	De 0 a 96 km/h
Potencia:	95 CV a 5.400 r.p.m.		en 12 segundos

MG TC 1945

El TC era el descendiente directo del TA Midget, del que tantos soldados americanos se habían enamorado durante su destino en Inglaterra durante la guerra. La imagen espartana del coche, con su parabrisas plegable y su suspensión dura como la roca, era tremendamente atractiva. El TC empleaba exactamente la misma fórmula: era barato, divertido y fácil de mantener. La mayor parte se exportó, pero no al otro lado del charco, sino que fue a parar a lo que quedaba del Imperio británico. No obstante, un número suficiente llegó hasta Estados Unidos para satisfacer el apetito americano, que quedaría finalmente saciado con la llegada del TD. De acuerdo con los estándares actuales, los MG de la Serie T apenas podrían considerarse deportivos: cualquier coche pequeño podía dejarlo atrás en los semáforos o en la autopista, pero con la capota bajada y el parabrisas plegado, estos coches eran tremendamente divertidos, y fueron muchos los pilotos de carreras que empezaron sus andanzas en ellos. El último de la línea fue el elegante pero robusto TF. El TD es probablemente el mejor de todos ellos, pero son todos tan británicos como el rosbif y la cerveza amarga.

Motor:	Posición frontal, cuatro cilindros
Capacidad:	1.250 cm³
Potencia:	54 CV a 5.200 r.p.m.
Velocidad punta:	125 km/h
Aceleración:	De 0 a 96 km/h en 22 segundos

MG TF 1995

El anuncio de un nuevo deportivo MG, aunque bajo un viejo nombre, atrajo a entusiastas de todo el mundo. La división MG había languidecido bajo el control de BMW, pero cuando el grupo MG Rover ganó independencia, su futuro parecía esperanzador. El deportivo MG es un icono británico. MG fue uno de los elementos del «patrimonio familiar» que se vendieron, pero lo que realmente resulta desolador fue el estado en que fue devuelta. Una breve búsqueda en Internet es todo lo que necesitamos para descubrir el nivel de ira y frustración que sentían aquellos que, de buena fe, y a veces por patriotismo, habían comprado estos coches. Sin embargo, debe decirse que el MG TF es un biplaza descapotable impulsado por un motor trasero de cuatro cilindros y doble árbol de levas en culata. Según palabras del sitio web oficial, el TF mantiene la asequibilidad y pragmatismo del mundo real que distinguió al MG F de los coches rivales, pero es todavía más fiel al eslogan de la marca MG, «diversión sin límites para todos». Me temo que no. Los cien años de producción en la fábrica de Longbridge llegaron a su fin en abril de 2005.

Motor:	Posición trasera, cuatro cilindros
Capacidad:	1.588 cm³
Potencia:	116 CV a 6.250 r.p.m.
Velocidad punta:	190 km/h
Aceleración:	De 0 a 96 km/h en 9,2 segundos

MINI COOPER S 1964

El Cooper S era la versión de competición de la miniobra maestra de Alec Issigonis. El diseño del Mini era tan innovador que resultaba casi increíble, especialmente para una clientela acostumbrada a ejemplares tan monótonos como el Morris Oxford o el Austin Cambridge. ¡Este pequeño coche tenía espacio para cuatro personas! Esto se debía al montaje transversal del motor de 848 cm^3 que accionaba las ruedas delanteras, suprimiendo así la necesidad de un túnel de transmisión. Era ágil, seguro, barato y, al ser una novedad, estaba libre de estereotipos. El Mini se convirtió rápidamente en un símbolo tan representativo de la dinámica Londres como el E-Type. John Cooper se dio cuenta del potencial para la competición del coche y sugirió la creación de una variante más potente, impulsada por una versión de 55 CV y carburador de dos cuerpos del motor de la Serie A de Leyland. El motor se fue ampliando hasta que, en 1964, apareció el modelo definitivo, con una suspensión mejorada. Un Mini Cooper ganó el *rally* de Montecarlo aquel año, y en los años siguientes se lograron nuevas victorias, algunas de ellas muy controvertidas. El BMW Mini de 2001 era también una variante del Cooper, siendo la imitación la forma más sincera de admiración.

Motor:	Posición frontal, cuatro cilindros
Capacidad:	1.275 cm^3
Potencia:	76 CV a 5.800 r.p.m.
Velocidad punta:	160 km/h
Aceleración:	De 0 a 96 km/h en 10,9 segundos

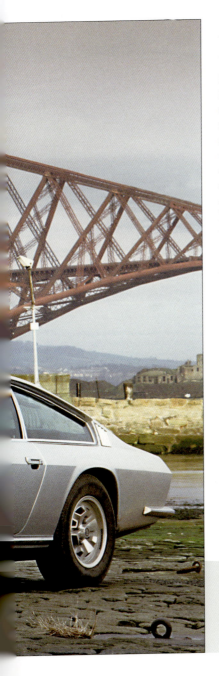

MONTEVERDI 375S 1969

Peter Monteverdi era un distribuidor de Ferrari con sede en Ginebra. A finales de los sesenta y principios de los setenta, realizó pequeños trabajos con el fin de crear el coche de lujo por excelencia, combinando la potencia americana con el diseño italiano. Monteverdi opinaba que una gran cilindrada era fundamental, de modo que equipaba sus coches con lo más grande de la oferta de Mopar: motores Hemi de Chrysler de 7,5 litros. Monteverdi produjo una serie de cupés GT, diseñados por Frua, cuya exquisita belleza resultaba difícil de superar. Los coches tenían un chasis integrado rectangular y gran parte de los componentes dinámicos, salvo en el caso de la transmisión Torqueflite de Chrysler, procedían de Jaguar. Los conductores dicen que sus prestaciones eran comparables a las de otros modelos europeos con motor americano de la época, tales como el Jensen Interceptor, el Bristol 911, el Facel Vega o el Gordon-Keeble, pero el Monteverdi era mucho más bonito que cualquiera de ellos. Se construyeron sólo unos pocos, que languidecieron durante años, pero finalmente, y tal como merecen, su valor se está elevando.

Motor:	Posición frontal, V8
Capacidad:	7.210 cm³
Potencia:	375 CV
Velocidad punta:	240 km/h
Aceleración:	De 0 a 96 km/h en 6,3 segundos

MORGAN AERO 8 2000

Morgan Motors existe desde 1910. Esta pequeña compañía ha sobrevivido a dos guerras mundiales, a cambios en los impuestos y en la moda, a la recesión, a las crisis del petróleo y a una competencia constante. Morgan debe de estar haciendo algo bien. Hasta donde alcanza nuestra memoria, Morgan ha mantenido llenos sus libros de pedidos de coches deportivos al estilo de los años treinta. El Plus 4 y el Plus 8, en sus distintos formatos, llevan décadas teniendo a los clientes esperando una década. Ahora han presentado algo nuevo: es igual, sólo que diferente. Con un estilo tradicional, la carrocería monocasco en aluminio del Aero se combina con un bastidor plateado. La potencia procede de un BMW V8 como el usado en las berlinas de la Serie 5, pero preparado especialmente de acuerdo con las especificaciones de Morgan y conectado a una caja de cambios Getrag de seis velocidades. La carrocería consigue ser «retro» y futurista al mismo tiempo. Lo que resulta destacable es el bajo coeficiente de resistencia al aire de 0,39 del Aero, que, combinado con el ligero peso del coche, permite obtener unas fabulosas prestaciones.

Motor:	Posición frontal, V8
Capacidad:	4.398 cm^3
Potencia:	286 CV a 5.500 r.p.m.
Velocidad punta:	255 km/h
Aceleración:	De 0 a 96 km/h en 4,7 segundos

MORGAN PLUS 4 2006

Entre 1910 y 1950, Morgan fue líder indiscutible en la fabricación de vehículos de tr ruedas. Puede que fuera su experiencia previa en la comercialización de productos para un mercado especializado lo que permitió a Morgan continuar (algunos dirían «insistir») fabricando coches de los años treinta cuando todo el mundo dejó de hacer en los años cuarenta. Su primer coche de cuatro plazas y cuatro ruedas, el 4/4, fue presentado en 1935 y empleaba un motor Coventry Climax, reviviendo después de l guerra con una unidad Standard Vanguard en su interior. El 4/4 ha seguido produciéndose, con toda una variedad de motores, hasta nuestros días. Eso son nada menos qu setenta años. El biplaza Plus 4 fue presentado en 1950 y siguió fabricándose con dive sos motores a lo largo de los años, siendo uno de los más memorables el Triumph TF de los sesenta. El último modelo emplea un motor de aleación ligera, cuatro cilindro y 16 válvulas basado en un modelo Rover, que lo dota de unas excelentes prestacio nes. A pesar de su pintoresca apariencia, el Morgan cumple todas las normativas d seguridad y emisiones, ofreciendo así una experiencia de conducción de estilo clás co sin los dolores de cabeza de un coche clásico.

Motor:	Posición frontal, cuatro cilindros	**Velocidad punta:**	195 km/h
Capacidad:	1.999 cm³	**Aceleración:**	De 0 a 96 km/h
Potencia:	145 CV a 6.000 r.p.m.		en 7,5 segundos

MORGAN PLUS 8 1968

Plus 8, impulsado por el siempre popular motor de aluminio Rover V8 de 3,5 litros, [ba]sado en un Buick, apareció en 1968. Sigue llenando los libros de pedidos de Morgan y [la] lista de espera es muy, muy larga. El Plus 4 utilizó el motor de 2,2 litros del Triumph [T]R4 (que también encajaba a la perfección en el Morgan), pero la desaparición del TR4a [en] 1967 y el anuncio de que Triumph empezaría a utilizar un motor de seis cilindros [pa]ra el TR5 supusieron un problema para Morgan, ya que el nuevo motor Triumph [no] cabría en el Morgan. Por suerte, con algunos ajustes el Rover/Buick V8 sí lo haría, [a]sí fue como nació el Plus 8. La batalla tuvo que aumentarse ligeramente y las vías se [en]sancharon para mejorar el agarre cuando se aplicaba toda esa potencia adicional. El [res]to era igual que antes, incluso la caja de cambios no sincronizada Moss. Esta unidad [fue] sustituida por una Rover de cinco velocidades en 1976. La inyección de combustible [lle]garía en 1984 y, en 1990, la capacidad se incrementó hasta más de 4 litros, con una [ver]sión opcional de 4,6 litros. Las carrocerías estaban fabricadas íntegramente en alumi[ni]o, pero montadas como siempre sobre un bastidor plateado hecho a mano.

Motor:	Posición frontal, V8	**Velocidad punta:**	200 km/h
Capacidad:	3.529 cm³	**Aceleración:**	De 0 a 96 km/h
Potencia:	160 CV a 5.200 r.p.m.		en 6,8 segundos

NOBLE M12 GTO 2000

La etiqueta GTO puede resultar un poco descarada, pero a pesar de todo el Noble M12 es un coche tremendo, el tipo de coche que seguramente Lotus debería estar fabricando ahora mismo. El chasis es un chasis integrado de acero con paneles pegados, que incorpora una completa estructura antivuelco. La carrocería está fabricada en un compuesto GRP con secciones anteriores y posteriores desmontables. Existe toda una variedad de motores: un Ford Zetec de cuatro cilindros y 1,8 litros o un Ford V6 con doble turbocompresor Garrett. El coche tiene unas prestaciones fenomenales en cualquiera de sus formas, y cada uno se completa de acuerdo con las especificaciones personales del cliente. Obviamente, la conducción es muy firme, pero no dura. El interior resulta ejemplar: es sencillo y funcional (y confortable), se trata de una combinación bien meditada donde todo parece diseñado de antemano, y no como un añadido a posteriori. Incluye un completo arnés de carreras, bien justificado. El M12 1.8 es una opción que cualquiera que esté pensando en comprar un Exige debe tener en cuenta, y el M12 2.5 está hecho para los que estén pensando en comprar un Veyron.

Motor:	Posición central, V6
Capacidad:	2.595 cm³
Potencia:	310 CV a 6.000 r.p.m.
Velocidad punta:	250 km/h
Aceleración:	De 0 a 96 km/h en 3,9 segundos

NSU RO80 1967

Éste es, en realidad, un coche revolucionario. Puede que tenga que ver con el nombre de su inventor, pero el motor rotativo de Felix Wankel no ha acabado de hacerse popular. El único fabricante que ha perseverado ha sido Mazda, y su confianza se ha visto recompensada, pues el RX8 se vende bien. El Ro80 fue un ambicioso proyecto para 1967, incluso sin el motor Wankel. El coche incorporaba tracción delantera, una caja de cambios semiautomática, dirección de cremallera y frenos de disco internos en el eje delantero. El motor era una unidad Wankel de doble rotor, que desplazaba un volumen equivalente a 2 litros. Era necesario mezclar aceite con el combustible para lubricar los «cilindros», lo cual generaba importantes problemas de emisiones, mientras que las juntas de hierro de las puntas de los rotores triangulares eran muy propensas a fallar. Los compradores se mostraban cautelosos. Se fabricaron cerca de 40.000 unidades, y éste fue el último NSU que existió. NSU, dicho sea de paso, proviene de los nombres de los dos ríos que fluían junto a la fábrica original: el *Neckar* y el *Sulm*.

Motor:	Posición frontal, doble rotor Wankel
Capacidad:	1.990 cm³
Potencia:	115 CV a 5.500 r.p.m.
Velocidad punta:	170 km/h
Aceleración:	De 0 a 96 km/h en 14,2 segundos

PAGANI ZONDA C12 1999

Horacio Pagani bautizó su asombroso automóvil en honor de Juan Manuel Fangio, también argentino, considerado por muchos como el piloto de carreras más grande de todos los tiempos. Pagani siente tal reverencia por su héroe que se abstiene de utilizar su nombre y lo recuerda con el nombre de Zonda, el viento de los Andes. Desde el original C12 hasta su versión más reciente, el Zonda ha sido un ejemplo de perfección en su diseño, desarrollo e ingeniería. La compañía Modena Design fabrica los coches y ha colaborado con Ferrari y Lamborghini. Equipado con un motor AMG V12 de Mercedes Benz, el automóvil está construido alrededor de una estructura central de carbono, una célula de seguridad que ofrece la máxima seguridad. El sistema de suspensión es de aluminio y la carrocería, de fibra de carbono. El diseño del Zonda no hace concesiones. Es un coche fabricado para correr a toda velocidad; sin embargo, su conducción parece ser en un primer momento increíblemente relajada. Los niveles de ruido son muy bajos y no se producen vibraciones durante la conducción. La transmisión de seis velocidades permite manejar el automóvil dócilmente a baja velocidad, aunque, una vez se pisa a fondo el acelerador, se revela la naturaleza oculta de esta bestia sobre ruedas.

MOTOR:	Posición central, V12
CAPACIDAD:	5.987 cm^3
POTENCIA:	394 CV a 5.200 r.p.m.
VELOCIDAD PUNTA:	325 km/h
ACELERACIÓN:	De 0 a 96 km/h en 4,2 segundos

PANTHER J72 1972

El Panther J72 se inspiró en el SS Jaguar de 1935. Los primeros modelos estaban equipados con un motor Jaguar XK de 3,8 litros, al que siguieron un 4,2 y un V12. El último, equipado con carburadores triples, podía impulsar al automóvil hasta 96 km/h en 6,6 segundos. El consumo de combustible era tremendo. La compañía Panther Westwinds era propiedad de Robert Jankel, que había trabajado para una compañía de conversión de coches y, posteriormente, en el sector de la moda. Esta trayectoria tan inusual quizá pueda explicar la idiosincrasia de sus productos. El J72 no se parecía en nada al SS Jaguar, era menos elegante, aunque tenía un diseño sólido y atractivo. Los acabados del interior eran de alto nivel, ya que empleaban revestimientos de madera de nogal y cuero Connolly. Estaba equipado con una caja de cambios manual procedente del XJ6. Panther también fabricó un par de descapotables más pequeños al estilo de los años treinta: el Lima, que estaba basado en el Vauxhall, y el Kallista, equipado con un motor Ford. El lujoso Rio estaba fabricado sobre una plataforma Triumph Dolomite. Había un cupé superdeportivo denominado Solo y un prototipo sin nombre que tenía seis ruedas. La obra maestra de Panther era el DeVille basado en el Jaguar V12, cuyo radiador estaba adornado con un ramillete de amatistas.

Motor:	Posición frontal, V12
Capacidad:	5.343 cm³
Potencia:	250 CV a 6.000 r.p.m.
Velocidad punta:	200 km/h
Aceleración:	De 0 a 96 km/h en 6,6 segundos

PANTHER DeVILLE 1974

El Panther fabricado en Surrey era muy similar en espíritu al Excalibur californiano. Ambos eran pastiches de automóviles clásicos, equipados con motores y trenes de rodadura de serie, y con acabados de alto nivel. Es difícil precisar cuál es el atractivo de este tipo de coches. Si se desea tener un coche de época, ¿por qué no comprar uno? El Morgan es quizá la única máquina auténtica, ya que su estilo años treinta siempre ha sido el mismo. El Panther DeVille supuestamente estaba basado en el Bugatti Royale, aunque se parecía más a un Duesenberg de la Serie J, el icono definitivo de los excesos de los locos años veinte. Esta imagen obviamente atrajo al ya fallecido Oliver Lengüeta, que poseía uno; un periódico publicó una fotografía del señor Reed, vestido con traje de Al Capone, junto a su DeVille, y debajo un titular que decía: «Enorme, extravagante y bebe como un cosaco (y nos referimos al coche...)». El DeVille hacía gala de detalles como un mueble-bar refrigerado y podía alcanzar un consumo de 23,5 litros/100 km. Este monstruo con un armazón tubular poseía una distancia entre ejes de 360 cm.
El coche que utilizaba Cruella DeVille en la versión de la película *101 dálmatas* rodada con actores reales era una versión descapotable de este modelo.

Motor:	Posición frontal, V12	**Velocidad punta:**	210 km/h
Capacidad:	5.343 cm³	**Aceleración:**	De 0 a 96 km/h
Potencia:	285 CV a 5.500 r.p.m.		en 7 segundos

PEGASO Z102 1955

El Pegaso, que recibió este nombre en honor del corcel alado de Perseo, se fabricó en Barcelona. El Z102 fue un automóvil fabricado de forma similar en el sentido de que no se tuvo en cuenta su coste. Con la excepción de los componentes eléctricos Bosch, el resto se fabricó en la propia fábrica. La carrocería fue realizada o bien por Touring en Milán o bien por la exclusiva compañía parisina de Jacques Saoutchic, de origen ruso.

El Pegaso estaba equipado con un motor V8 de aleación ligera con una capacidad de 2,5 litros y dos árboles de levas por bancada. En un principio se accionaban mediante una cadena, aunque después se instalaron engranajes. Se utilizaron hasta cuatro carburadores Weber y la tracción se transmitía a través de una caja de cambios de cinco velocidades montada en el eje trasero. Los modelos posteriores tenían un diámetro de los cilindros mayor, estaban sobrealimentados y, por lo general, habían sido modificados para producir una potencia adicional. El diseño del Pegaso era exquisito; tenía un rendimiento excelente aunque era demasiado caro. Posteriormente, la compañía se dedicó a la fabricación de camiones, tarea a la que se sigue dedicando en la actualidad.

MOTOR:	Posición frontal, V8	**VELOCIDAD PUNTA:**	205 km/h
CAPACIDAD:	2.474 cm^3	**ACELERACIÓN:**	De 0 a 96 km/h
POTENCIA:	165 CV a 6.500 r.p.m.		en 10,3 segundos

PLYMOUTH ROAD RUNNER SUPERBIRD 1970

El Road Runner Superbird fue el ejemplo definitivo de automóvil de alta potencia norteamericano. El Road Runner ('Correcaminos'), que recibió este nombre por el popular personaje de dibujos animados, estaba basado en el Plymouth Belvedere e inicialmente poseía un motor V8 de 6,5 litros con una potencia de 325 CV. El automóvil también disponía de un claxon que imitaba el «bip bip» del correcaminos de los dibujos animados. El Superbird estaba equipado con ayudas aerodinámicas, como un enorme morro cónico de fibra de vidrio y un imponente alerón trasero, que servía básicamente para llevar una pegatina con la imagen del correcaminos. El conjunto tenía un aspecto absurdo, aunque era capaz de obtener una aceleración y una velocidad en línea recta fenomenales, especialmente cuando estaba equipado con el motor opcional de 7 litros que desarrollaba 425 CV de potencia. Los modelos de tipo turismo poseían un motor Super Commando V8 de 7.210 cm³ y podían llegar a los 225 km/h.

Motor:	Posición frontal, V8
Capacidad:	7.210 cm³ (7,2 litros)
Potencia:	375 CV a 4.600 r.p.m.
Velocidad punta:	225 km/h
Aceleración:	De 0 a 96 km/h en 4,9 segundos

PONTIAC GTO 1964

El GTO fue realmente el primer automóvil de alta potencia. Era básicamente un Pontiac Tempest de tamaño mediano con un motor V8 de 6,5 litros bajo el capó. Sobre el origen del GTO se ha generado una gran leyenda, y el libro de Jim Wangers *Glory Days* (Días de gloria) lo describe de forma maravillosa y evocadora, desde el suministro clandestino de piezas a un concesionario de Detroit, en un barrio llamado Windsor y denominado Royal Pontiac, hasta el desarrollo de los «Royal Bobcats». El desarrollo de este automóvil fue supervisado por nada menos que John DeLorean. El GTO era uno de los modelos Wide-Track de Pontiac, llamados así porque tenían las vías anchas. GTO son las siglas por las que se conocía el coche de carreras deportivo Gran Turismo Omologato de Ferrari; la revista *Road and Track* puso a prueba a los dos GTO entre sí y repartió elogios por igual. El GTO clásico era un coche elegante, con faros delanteros verticales y líneas sobrias. Estaba equipado habitualmente con una palanca de cambio manual y como prestación opcional disponía de un tacómetro montado en el capó. Con un coche así, ¿quién podía resistirse?

Motor:	Posición frontal, V8
Capacidad:	6.374 cm^3 (6,4 litros)
Potencia:	325 CV a 4.800 r.p.m.
Velocidad punta:	195 km/h
Aceleración:	De 0 a 96 km/h en 6,9 segundos

PORSCHE 356 1950

Ferry Porsche, hijo del legendario Ferdinand, creador del Volkswagen, quería producir un deportivo basado en el plan de su padre. Lo que era básicamente un Escarabajo se encontraba revestido de una maravillosa carrocería bulbosa de hojalata y equipado con carburadores dobles que incrementaban la potencia de 25 a 40 CV. Los primeros modelos se fabricaron en Austria, donde el doctor Porsche se había establecido durante la Segunda Guerra Mundial. También se ofrecía un cabriolé además del cupé y, cuando la producción se trasladó a unas instalaciones más espaciosas, el tamaño del motor y el tipo de ajustes se incrementaron rápidamente. En 1955, los 356A de 1.600 cm^3 podían alcanzar los 160 km/h y la versión Carrera podía alcanzar los 205. Los modelos 356S se utilizaban ampliamente en competiciones y muchos llegaron a Estados Unidos, estableciendo firmemente la reputación de la marca en ese país, a pesar de la tragedia que supuso la muerte de James Dean al volante de este Speedster.

MOTOR:	Posición trasera, cuatro cilindros planos
CAPACIDAD:	1.582 cm^3
POTENCIA:	70 CV a 4.500 r.p.m
VELOCIDAD PUNTA:	165 km/h
ACELERACIÓN:	De 0 a 96 km/h en 15,4 segundos

PORSCHE 911 1963

El Porsche 911 es un deportivo muy representativo y tiene admiradores acérrimos en todo el mundo. Aunque era evidente que descendía del VW, el 911 era un automóvil muy estilizado. En su corazón, o mejor dicho en su parte posterior, se encontraba un motor de seis cilindros opuestos horizontalmente refrigerados por aire y poseía una suspensión por barra de torsión. Aunque por su descripción parezca una versión revisada del 356, era un automóvil revolucionario. Su rapidez y velocidad eran impresionantes, aunque, a diferencia de otros muchos coches de alto rendimiento, el 911 no solía ensuciarse de aceite o calentarse excesivamente en pleno tráfico. El comportamiento de los primeros modelos podía ser traicionero; si se entraba en una curva y se soltaba bruscamente el acelerador, se podía sufrir un accidente, aunque este problema se solventó rápidamente. Posteriormente, se fabricaron diversas versiones: el 911S y el 911T, con su singular techo desplegable. La inyección de combustible llegó con el 911S; se incorporó una exclusiva transmisión manual sin embrague, denominada Sportomatic, y se han seguido fabricando nuevos modelos Carrera, RS y Turbo, hasta hoy.

Motor:	Posición trasera, seis cilindros planos
Capacidad:	1.991 cm^3
Potencia:	130 CV a 6.100 r.p.m
Velocidad punta:	210 km/h
Aceleración:	De 0 a 96 km/h en 8,9 segundos

PORSCHE 928 1977

El 928 hubiera sido el mejor automóvil jamás fabricado por Porsche si hubiera sido un 911. Porsche se alejó radicalmente de las prácticas establecidas y en 1977 presentó un Grand Tourer equipado con un motor V8 delantero. El coche fue recibido con desconfianza. Las reseñas de la época compararon este automóvil con el Porsche 911, en lugar de con el Jaguar XJS o los cupés de Mercedes. Nadie parecía interesado en la caja de cambios con transeje o en el atractivo y singular diseño, cortesía de Anatole Lapine. Es más, nadie pareció darse cuenta de lo agradable que era conducirlo. El 928 se manejaba igual de bien en una autopista que en una carretera llena de curvas. El público, especialmente los amantes de los Porsche, no supo apreciar sus virtudes. Las prestaciones de este coche se incrementaron hasta que en 1989 se convirtió en el automóvil de carretera más rápido de Porsche, con una velocidad máxima de 275 km/h y 330 CV de potencia. Sin embargo, el mercado automovilístico siguió sin dejarse seducir por estas propuestas. El 928 dejó de fabricarse en 1995 y el mundo perdió un gran automóvil clásico que pasó completamente desapercibido.

Motor:	Posición frontal, V8
Capacidad:	4.474 cm^3
Potencia:	240 CV a 5.500 r.p.m
Velocidad punta:	220 km/h
Aceleración:	De 0 a 96 km/h en 8 segundos

PORSCHE 959 1983

El 959 era un coche de ensueño, la versión definitiva del modelo 911. Presentado en 1983, el 959 necesitaba obtener la homologación para los últimos coches deportivos de carreras del Grupo B fabricados por la compañía. El motor de seis cilindros opuestos horizontalmente estaba equipado con dos turbocompresores y culatas refrigeradas por agua. El sistema de tracción a las cuatro ruedas sufrió diversos retrasos en su desarrollo, pero hizo su aparición a principios de 1987; para entonces, un 959 ya había ganado el *rally* París-Dakar sin utilizarlo. A diferencia de muchos de sus predecesores, el 959 no tenía defectos. El sistema de tracción estaba controlado por ordenador y garantizaba la correcta distribución de la potencia a cada rueda. También era un ordenador el responsable de hacer descender la altura libre sobre el suelo a altas velocidades, que, con una transmisión de seis velocidades, se obtenían fácilmente. La altura libre sobre el suelo también se podía ajustar para hacer frente a los badenes y caminos rurales: el automóvil se podía levantar 18 cm si era necesario. Porsche sólo necesitaba fabricar 200 959S, aunque, de hecho, se fabricaron 250, el último de ellos en 1988.

Motor:	Posición trasera, seis cilindros planos	**Velocidad punta:**	320 km/h
Capacidad:	2.849 cm³	**Aceleración:**	De 0 a 96 km/h en 3,6 segundos
Potencia:	450 CV a 6.500 r.p.m.		

PORSCHE TURBO 1974

El Porsche 911 era un coche muy bueno, aunque tenía mala imagen. Alcanzó su punto álgido a finales de la década de los setenta con la introducción de la versión de 3,3 litros, que se convirtió en el objeto de deseo de todos los *yuppies*. Con sus pasos de rueda ensanchados y su alerón en forma de cola de ballena, carrocería con código de colores (normalmente en rojo Guards o en negro) y grandes neumáticos, supo captar el espíritu de los ochenta. Era un verdadero objeto de deseo. También era una máquina magnífica, con una herencia orgullosa que se remontaba al original 911 de 1962. El primer 911 turboalimentado se presentó en el Salón del Automóvil celebrado en París en 1974. El motor de seis cilindros planos y 3 litros refrigerado por aire estaba sobrealimentado por una unidad KKK que le proporcionaba 60 CV más que el Carrera, un modelo similar aunque con aspiración atmosférica. La aceleración era espectacular, ya que fue el automóvil más rápido de su generación. A diferencia de algunos de los primeros 911S, el comportamiento de este coche era excelente. El interior estaba muy bien equipado, a la vez que mantenía la sencillez funcional tan característica de Porsche.

Motor:	Posición trasera, seis cilindros planos	**Velocidad punta:**	250 km/h
Capacidad:	2.993 cm³	**Aceleración:**	De 0 a 96 km/h
Potencia:	260 CV a 5.500 r.p.m		en 6,4 segundos

RENAULT ALPINE 1970

Jean Redele presentó el Alpine A110 fabricado por Dieppe, sucesor de los admirados A106 y A108, en el Salón del Automóvil celebrado en París en 1963. El diseño de fibra de vidrio de la carrocería, moderno y eficaz, hizo que el automóvil tuviera un éxito inmediato. En los 15 años siguientes se fabricaron unas 8.000 unidades, lo que lo convirtió en un coche realmente exclusivo; los vehículos que se conservan actualmente son tan codiciados por los coleccionistas como lo fueron entonces. El A110 se mejoró a lo largo de su producción y disfrutó de un enorme éxito en los *rallies* del Grupo 4. Su reinado llegó a su fin con la llegada del irresistible Lancia Stratos. Los motores Renault de serie tenían las culatas retocadas y estaban equipados con dos carburadores Weber, válvulas de admisión más grandes y muelles de válvula más potentes, además de kits de frenos especiales para utilizarlos en carreteras de montaña. A pesar de la ubicación del motor, el manejo del Alpine era excelente. Podía tomar las curvas como un coche que tuviera el motor en la parte delantera y con la tracción de uno con el motor en la parte posterior.

MOTOR:	Posición trasera, cuatro cilindros
CAPACIDAD:	1.565 cm³
POTENCIA:	138 CV a 6.000 r.p.m.
VELOCIDAD PUNTA:	210 km/h
ACELERACIÓN:	De 0 a 96 km/h en 7 segundos

RENAULT ALPINE GTA 1985

La compañía Alpine había estado estrechamente asociada con Renault, ya que sus primeros modelos utilizaban muchas piezas de Renault, y en 1975 Renault adquirió la compañía para evitar que quebrara. El Renault Alpine GTA fue el primer automóvil nuevo lanzado después de esta compra para reemplazar al Alpine A310. El GTA era mucho más elegante que su predecesor, con un diseño angular, parachoques integrados en la carrocería y exclusivos pilares en C triangulares. Técnicamente también era más avanzado; el motor PRV V6 estaba colocado en la parte posterior y los paneles de la carrocería eran de fibra de vidrio, lo que lo convertía en un coche mucho más ligero y rápido que su rival, el Porsche 944, cuya carrocería era de acero. El GTA era muy espacioso y conducirlo era un auténtico placer, ya que ofrecía una conducción suave, tomaba las curvas con facilidad y el cambio de marchas mostraba una gran precisión. Lamentablemente se vendieron pocas unidades. En 1991 se renovó por completo y se presentó como el A610; no obstante, dejó de fabricarse en 1995.

Motor:	Posición trasera, V6
Capacidad:	2.458 cm³
Potencia:	197 CV a 5.750 r.p.m.
Velocidad punta:	250 km/h
Aceleración:	De 0 a 96 km/h en 6,9 segundos

ROLLS-ROYCE CAMARGUE 1975

El Camargue estaba basado en la plataforma del Silver Shadow. La publicidad de la compañía dijo que era el «Rolls-Royce más hermoso jamás fabricado», aunque el público no opinaba lo mismo. Sin embargo, si exceptuamos al monstruoso Phantom VI, era el Rolls-Royce con carrocería de serie más caro jamás fabricado y quizá fue esto lo que atrajo a los compradores de Oriente Medio, donde parece que acabaron la mayoría de Camargue. El diseño de cupé, con su gran espacio acristalado, radiador inclinado hacia adelante y faros delanteros dobles, recordaba al automóvil que utilizaba Lady Penélope en la celebre serie de televisión *Guardianes del espacio* protagonizada por marionetas. Si dicha serie influyó en Rolls-Royce no ha sido, al igual que la potencia y aceleración, revelado oficialmente. El sistema de aire acondicionado automático de dos niveles, que permitía a los ocupantes decidir si querían tener la cabeza caliente y los pies fríos o viceversa, era toda una innovación. A pesar de la imagen deportiva del Camargue, sus prestaciones, para ser un automóvil tan grande, eran muy enérgicas; no se ofreció nunca una versión Bentley, aunque un automóvil llevó esta insignia para cumplir un pedido especial.

Motor:	Posición frontal, V8
Capacidad:	6.750 cm³
Potencia:	285 CV a 5.750 r.p.m.
Velocidad punta:	205 km/h
Aceleración:	De 0 a 96 km/h en 10,5 segundos

STUDEBAKER AVANTI 1962

En 1852 los hermanos Studebaker, Henry y Clement, empezaron a trabajar en una herrería situada en South Bend (Indiana). En 1868, su compañía era la fabricante de carromatos más grande del mundo. En 1902, Thomas Edison compró uno de sus coches eléctricos y empezaron a fabricar motores de gasolina en 1904. A pesar de fabricar algunos automóviles excelentes, la compañía cayó en declive y a finales de la década de 1950 se contrató a Sherwood Ebert para intentar cambiar la fortuna de los hermanos Studebaker. Ebert recurrió a Raymond Loewy, responsable de muchos de los diseños de Studebaker, y 15 días después Loewy y su equipo habían fabricado un modelo de arcilla a escala 1/8 que se envió a South Bend para su evaluación. El Avanti no se parecía a ningún otro automóvil norteamericano de aquella época; de hecho, no se parecía a ningún otro coche. El diseño de Loewy era extrañamente similar al de los coches del otro lado del océano y el comportamiento y el rendimiento del automóvil eran indudablemente europeos, al igual que su nombre. Todo esto fue demasiado para los posibles compradores. Dejó de fabricarse en South Bend en diciembre de 1963 y la producción pasó a Canadá, donde se mantuvo a duras penas durante dos años más.

Motor:	Posición frontal, V8
Capacidad:	4.725 cm^3
Potencia:	210 CV a 4.500 r.p.m
Velocidad punta:	205 km/h
Aceleración:	De 0 a 96 km/h en 8,2 segundos

SUNBEAM TIGER 1964

El Sunbeam Tiger era un compañero del AC Cobra; el legendario Carroll Shelby había estado estrechamente relacionado en el diseño y desarrollo de ambos automóviles. Al igual que el Cobra, el Tiger estaba equipado con un potente motor Ford V8, aunque originalmente había sido diseñado para un motor más modesto. El Cobra de 7 litros fu primero el Ace de 2 litros; el Tiger de 4,7 litros había sido anteriormente el Alpine de 1.500 cm³. Mientras que el AC era un automóvil británico fabricado principalment en Estados Unidos, el Tiger era básicamente un coche norteamericano fabricado en Gran Bretaña. Recibió su nombre del coche fabricado en 1926 por Henry Segrave, qu obtuvo un récord de velocidad en tierra: un V12 Sunbeam; el propio Segrave era med. norteamericano. A Jensen Motors, que tenía una gran experiencia en motores V8 norteamericanos, se le asignó la tarea de desarrollar el prototipo y se exhibió una muestra en el Salón del Automóvil celebrado en Nueva York en 1964. Aunque carecían del rendimiento bruto de los Cobras, los Tiger eran automóviles rápidos para su época y obtuvieron numerosas victorias en *rallies*.

MOTOR:	Posición frontal, V8	**VELOCIDAD PUNTA:**	195 km/h
CAPACIDAD:	4.261 cm³	**ACELERACIÓN:**	De 0 a 96 km/h
POTENCIA:	141 CV a 4.400 r.p.m.		en 9,4 segundos

TATRA 603 1958

El Tatra fue fabricado por una compañía de vehículos comerciales de Checoslovaquia. Fabricado a mano en pequeñas cantidades, el 603 se desarrolló a partir del T77 de 1934 y se mantuvo en producción hasta 1975; incluso entonces, su diseño era exclusivo y radical. Estaba equipado con un motor V8 refrigerado por aire montado en la parte posterior. El bulboso diseño aerodinámico proporcionaba al automóvil una imagen particularmente intimidante, que sin duda se veía realzada por su asociación con los oficiales veteranos del Partido Comunista, para quienes estaba reservado exclusivamente viajar en un Tatra. El interior era inmensamente espacioso, lo que le proporcionaba una comodidad decadente propia de una limusina occidental. El comportamiento era mucho mejor de lo que uno se podía imaginar debido a su diseño mecánico muy poco ortodoxo. El 603 participó en una serie de *rallies* y competiciones de resistencia. El modelo fue finalmente reemplazado por el 613, que presentaba un motor V8 con cuatro árboles de levas y estaba diseñado por Vignale. El Tatra sigue proporcionándonos una visión exclusiva y tentadora de un posible futuro soviético.

Motor:	Posición trasera, V8	**Velocidad punta:**	160 km/h
Capacidad:	2.472 cm³	**Aceleración:**	No disponible
Potencia:	95 CV a 3.000 r.p.m.		

TRIUMPH TR2 1952

El TR2, un clásico coche deportivo británico, fue el primer modelo de la estimada línea TR, que tuvo una larga trayectoria. El automóvil que se exhibió en el Salón del Automóvil de Earls Court en 1952 fue denominado el TR1, pero antes de llegar a la sala donde iba a ser expuesto ya había cambiado de número. Equipado con un motor de 2 litros y un carburador doble Standard-Vanguard, el TR era positivamente aerodinámico, con una línea del alerón fluida y puertas recortadas; las ruedas de radios de alambre eran una opción adicional, y se podían colocar deflectores para darle una imagen deportiva. El rendimiento era enérgico para lo que era habitual a principios de la década de 1950 y se fabricaron unas 8.500 unidades del TR2. La línea continuó hasta llegar al TR4A, que también incorporaba suspensión trasera independiente. Los TR5 estaban equipados con un motor de seis cilindros, al igual que los TR6. Por lo que respecta al TR7 (y TR8), mejor no hablar. La calidad del diseño y construcción del TR2 queda patente en la cantidad de coches de este modelo que siguen dando satisfacciones a conductores de todo el mundo.

MOTOR:	Posición frontal, cuatro cilindros
CAPACIDAD:	1.991 cm^3
POTENCIA:	90 CV a 4.800 r.p.m.
VELOCIDAD PUNTA:	105 km/h
ACELERACIÓN:	De 0 a 96 km/h en 12 segundos

TRIUMPH TR6 1969

El TR6 fue el último TR verdadero y un digno sucesor de esta noble línea. Se vendieron más de 90.000 vehículos, lo que convirtió al TR6 en el más popular de todos los TR, y con su elegante y moderno diseño Karmann y su gran pragmatismo, se ha convertido en un clásico moderno muy práctico y agradable. Estaba equipado con un potente motor de seis cilindros procedente del TR5, que ofrecía un alto rendimiento, aunque el sistema de inyección de combustible Bosch a veces causaba problemas. El comportamiento estaba por encima de la media para este tipo de deportivo británico, ya que la suspensión trasera independiente reducía la posibilidad de que se produjeran rebotes de las ruedas, una característica de muchos de sus contemporáneos como, por ejemplo, el Alfa Spider y el Jensen Healey. La sólida calidad de la construcción también reducía las vibraciones que afectaban a muchos descapotables similares. De hecho, cuando el TR6 llevaba su elegante techo rígido podía pasar por un GT. Un sistema de transmisión de supermarcha funcionaba en la tercera y cuarta marchas, lo que proporcionaba un mayor ahorro de combustible. Muchos TR6 se utilizan aún hoy en competiciones y se ha fabricado una amplia variedad de piezas para mejorar su rendimiento.

Motor:	Posición frontal, seis cilindros
Capacidad:	2.498 cm³
Potencia:	150 CV a 5.500 r.p.m
Velocidad punta:	205 km/h
Aceleración:	De 0 a 96 km/h en 7,7 segundos

TUCKER 48 1948

Preston Tucker era, sin duda, un soñador. En su juventud asistió a los primeros acontecimientos automovilísticos que se celebraron y, como otros chicos de su edad, quedó seducido por el olor, el ruido y la velocidad de los primeros automóviles. Deseaba crear el automóvil del futuro. El Tucker 48 fue diseñado en Michigan y fabricado en Chicago; el diseño de este monovolumen incorporaba un frontal con tres faros delanteros; el faro del centro estaba diseñado para moverse con las ruedas delanteras. En junio de 1948, Tucker escribió una carta abierta a la industria del automóvil en beneficio de los automovilistas norteamericanos. En ella acusaba a los «señores de Detroit» de sabotear su proyecto mediante corrupción y subterfugios que llegaban incluso hasta el Gobierno de Estados Unidos. Su actitud fue muy ingenua. ¿Creía Tucker que el público norteamericano sería menos conservador que la industria automovilística norteamericana cuando tuviera que hacer frente a la idea de un coche equipado con un motor de seis cilindros opuestos horizontalmente montado en la parte posterior? ¿No hubieran preferido seguir utilizando un motor V8 de gran tamaño montado en la parte delantera? Lo más extraño de todo es que su revolucionario diseño se parece mucho al Tatra T77 de 1934, un automóvil comunista.

Motor:	Posición trasera, seis cilindros planos
Capacidad:	5.489 cm³
Potencia:	166 CV
Velocidad punta:	195 km/h
Aceleración:	De 0 a 96 km/h en 10 segundos

TVR CERBERA 1994

La compañía TVR, con sede en Blackpool, fue fundada en 1958 por Trevor Wilkinson. El Cerbera debe su nombre a Cerbero, el perro de tres cabezas y cola de serpiente que vigilaba la entrada al infierno en la mitología griega. La versión TVR también daba mucho miedo, aunque era mucho más atractiva. Exhibido por primera vez en el Salón del Automóvil de Londres, fue el primer TVR con techo rígido desde el Tasmin y tenía capacidad para cuatro personas. Se ofrecía con dos motores V8 y un motor de seis cilindros en línea, pero aun en su versión menos potente era un automóvil excepcionalmente rápido. Su llamativo diseño era obra de un equipo TVR interno que deliberadamente se abstuvo de utilizar el diseño asistido por ordenador en las primeras fases y optó por emplear bocetos y modelos tallados. El resultado fue un coche resoluto y con mucho estilo. El diseño del motor V8 en ángulo de 75 grados se inspiró en las competiciones y proporciona una potencia inmensa a la vez que es ligero y aparentemente indestructible. Muchos TVR participan habitualmente en carreras de coches y regresan a la pista una temporada tras otra, lo que demuestra la calidad de su diseño y construcción.

Motor:	Posición frontal, V8	**Velocidad punta:**	300 km/h
Capacidad:	4.185 cm³	**Aceleración:**	De 0 a 96 km/h
Potencia:	350 CV a 6.500 r.p.m.		en 4 segundos

TVR GRIFFITH 1990

La producción de TVR asciende a unos 1.500 vehículos al año. Como todos ellos, el Griffith se fabricaba a mano y tenía unos acabados de muy alto nivel. El Griffith, que poseía una carrocería de fibra de vidrio tradicional, tenía un chasis ligero, habitual en los coches de carreras, que podía hacer frente a la enorme potencia del motor V8 de 5 litros, que proporcionaba una aceleración impresionante además de una velocidad máxima muy elevada. El primer Griffith hizo su aparición en 1963. La carrocería Grantor y el chasis alojaron un motor V8 Ford 289 (4,7 litros) americano que transmitía su potencia a través del eje trasero BMC original. Sorprendentemente quizá, el manejo del automóvil fue bueno. El nuevo Griffith representa una gran mejora con respecto al original, no sólo en términos de prestaciones, sino también por la calidad integral de su fabricación. En una década, el TVR ha pasado de ser un alabado coche de carreras a un automóvil que se puede comparar con los modelos más exclusivos y exóticos. La dirección asistida fue una prestación muy bien acogida, ya que sin ella era muy difícil estacionar el Griffith.

Motor:	Posición frontal, V8	**Velocidad punta:**	250 km/h
Capacidad:	4.988 cm³	**Aceleración:**	De 0 a 96 km/h en 4,1 segundos
Potencia:	325 CV a 5.500 r.p.m.		

TVR SAGARIS 2006

El diseño del TVR Sagaris, aunque sigue siendo sumamente agresivo, es mucho más eficaz que la desgarbada versión de seis faros del Tuscan, que parecía haber sido diseñada y fabricada en algún cobertizo. Y sus prestaciones eran poco menos que increíbles. Desarrollado a partir del T350, se ha trabajado enormemente para maximizar el empuje aerodinámico descendente del nuevo coche con el fin de mejorar su estabilidad. Las vías son más anchas que las del 350 y posee un motor de seis cilindros en línea adaptado que genera una potencia cercana a los 400 CV. Es un coche muy ligero que proporciona una aceleración fenomenal y una velocidad máxima que alcanza cifras astronómicas. El amplio uso de conductos de refrigeración en la carrocería compuesta indica que estaba destinado a la competición y que los Sagaris seguramente compiten en Le Mans. TVR prueba exhaustivamente todos sus modelos en una amplia variedad de ubicaciones y condiciones con el objetivo de garantizar una fiabilidad equiparable a sus excelentes prestaciones.

Motor:	Posición frontal, seis cilindros
Capacidad:	3.996 cm^3
Potencia:	400 CV a 7.000 r.p.m.
Velocidad punta:	315 km/h
Aceleración:	De 0 a 96 km/h en 3,7 segundos

VAUXHALL VX220 2002

El VX220 y el nuevo VXR220 Turbo, de la filial Opel/Vauxhall de GM, ofrecen un comportamiento y unas prestaciones sin concesiones por el precio de un sedán familiar. Con un motor basado en el Astra, el VX no sólo ofrece una aceleración vertiginosa y una velocidad máxima completamente ilegal, sino también una aceleración a medio régimen potente y progresiva para efectuar los adelantamientos de forma rápida y segura. Ofrece el placer de conducir de un coche de competición a la vez que sigue siendo un práctico turismo. Los primeros modelos, siguiendo el ejemplo de Lotus, eran sumamente espartanos, pero los comentarios de los clientes han dado lugar a mejoras en el interior. Es obvio que estos automóviles se utilizan a diario y no sólo el fin de semana. Aun así, si dos personas desean irse de fin de semana en uno de ellos, ofrecen suficiente espacio para el equipaje; si llueve, la capota aísla perfectamente; si hace sol, se guarda fácilmente. El cambio de marchas mediante la transmisión accionada por cable de cinco velocidades del Vauxhall Vectra es sofisticado y directo; está equipado con frenos ABS y el manejo del automóvil es enérgico. Quizá la única desventaja de este coche sea la insignia de Vauxhall: si fuera un Lotus, sería un gran Lotus.

Motor:	Posición central, cuatro cilindros
Capacidad:	1.998 cm³
Potencia:	200 CV a 5.500 r.p.m
Velocidad punta:	245 km/h
Aceleración:	De 0 a 96 km/h en 4,7 segundos

VOLVO P1800S 1960

Jaguar hizo caso omiso a la petición de fabricar un E-Type que representara al *Hirondel*, el coche de *El santo,* y, por este motivo, en la influyente serie de televisión de los años sesenta, Roger Moore acabó conduciendo un nuevo Volvo, lo que proporcionó una gran publicidad a este automóvil. El P1800 se alejaba de la imagen que tenía Volvo de ser un fabricante de coches suecos seguros, sólidos y serios. Era un cupé de dos plazas con un diseño elegante, atractivos detalles y un precio muy razonable. Un prototipo fabricado por Frua se exhibió en Bruselas en enero de 1960, pero bajo un acuerdo poco usual Jensen Motors ensamblaría el P1800 en West Bromwich, aunque hasta ese momento Jensen fabricaba automóviles con carrocerías de fibra de vidrio. El acuerdo fue efímero, ya que los paneles de acero de la carrocería sufrieron daños debidos a la corrosión durante su transporte hasta Jensen. La producción se trasladó a Suecia después de que se completaran sólo 6.000 automóviles y el modelo pasó a llamarse P1800S para reflejar este cambio.

Motor:	Posición frontal, cuatro cilindros
Capacidad:	1.778 cm^3
Potencia:	100 CV a 5.800 r.p.m.
Velocidad punta:	170 km/h
Aceleración:	De 0 a 96 km/h en 13,4 segundos

LOS AUTOMÓVILES A TRAVÉS DE LAS DÉCADAS

1940 – RECONSTRUCCIÓN

Durante la Segunda Guerra Mundial, gran parte de la capacidad de producción de las fábricas de automóviles se había dedicado a la fabricación de vehículos militares, y la escasez de combustible significaba que los nuevos automóviles no tenían muchos compradores. Así, tanto en Estados Unidos como en Europa, la mayoría de automóviles que se vendían al acabar la guerra eran simples variaciones de modelos fabricados antes de que estallara el conflicto bélico. Sin embargo, debido a la guerra, la tecnología avanzó a pasos agigantados y esto empezó a repercutir en los nuevos automóviles. Por el momento, lo más importante era el aspecto técnico y el diseño se vio obligado a quedar en un discreto segundo plano. Muchos automóviles de la década de 1940 eran grandes, sólidos y seguros, lo que reflejaba una necesidad de estabilidad tras la conmoción de la guerra. Los automóviles se volvieron más redondeados y aerodinámicos, aunque no por razones estéticas: los ingenieros estaban empezando a aplicar los principios aerodinámicos de la industria aeronáutica.

Abajo: Jaguar XK120
Página siguiente: Ford Thunderbird

1950 – ALERONES Y CROMADOS

Tras la atmósfera de desolación de la década de 1940, el mundo estaba a las puertas de un futuro más esperanzador a principios de la década de 1950. Los militares norteamericanos destacados en Europa se sentían atraídos por automóviles cuyo mantenimiento era económico y sencillo, como el MG TA Midget, y los fabricantes de Estados Unidos no tardaron en desarrollar sus propias versiones, como el Corvette y el Thunderbird. A medida que aumentaron las rentas disponibles, los automóviles quedaron al alcance de un sector de mercado más amplio, pero la nueva clase media no buscaba un lujo comedido, sino motores ostentosos que anunciaran su llegada. Éste fue el inicio del romance entre Estados Unidos y el automóvil, cuando dejó de ser un transporte de uso práctico para convertirse en un objeto de deseo y un símbolo de prestigio. Por primera vez los diseñadores tenían más importancia que los ingenieros, que se vieron obligados a aceptar algunas de sus ideas más descabelladas. Los cromados fueron abundantes, los parachoques se hicieron más prominentes y los guardabarros traseros fueron desarrollando alerones cada vez más grandes. El legendario diseñador Harley Earl ideó el primer parabrisas envolvente del mundo, que se utilizó en el Cadillac Eldorado.

1960 – LOS ACELERADOS SESENTA

La década de 1960 fue toda una revolución. La disciplina, el orden y el respeto habían tenido su momento, pero ahora los tiempos estaban cambiando para siempre. Los jóvenes no sólo se rebelaron contra los valores que promulgaban sus padres, sino también contra el consumismo y la extravagancia, especialmente en la elección de un automóvil. Estos nuevos clientes no buscaban ostentosos símbolos de prestigio; querían automóviles pequeños, económicos y poco pretenciosos, aunque también deseaban que funcionaran correctamente. Ésta fue la década del Mini Cooper, un diminuto automóvil que tenía espacio para cuatro personas; era rápido, seguro, económico y, debido a su novedad, no era patrimonio de ninguna clase social. Rápidamente se convirtió en un símbolo del Londres más pop. En Estados Unidos, la industria del motor aún se resentía de la desaceleración económica de finales de la década de 1950, de modo que las compañías de automóviles buscaban un modo de fabricar nuevos modelos que no fueran del todo nuevos, ya que esto encarecería los costes. El coche que tuvo más éxito en este periodo fue el Ford Mustang, que estableció una nueva categoría de automóviles denominados *pony cars*.

Abajo: Mini Cooper S
Página siguiente, arriba: Ford Mustang
Página siguiente, abajo: Lotus Elan

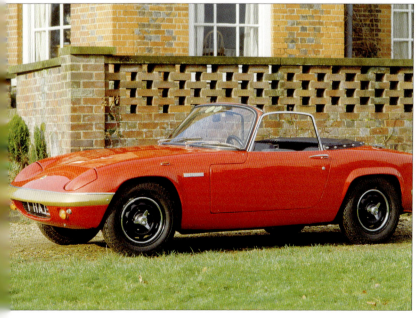

1970 – LOS ELEGANTES SETENTA

Los setenta, para muchos, es la década que el tiempo olvidó. Entre la anarquía de los sesenta y la avaricia de los ochenta, esta década evoca imágenes de Vietnam, el aumento del terrorismo y algunas de las modas más horribles de la historia. La industria del automóvil fue golpeada doblemente: el embargo del petróleo por parte de la OPEP, que de repente demostró que no habría gasolina abundante y barata eternamente, y las nuevas normativas gubernamentales en materia de emisiones, ahorro de combustible y seguridad. Los diseñadores de automóviles se tuvieron que adaptar a todas estas normativas y volvieron a quedar de nuevo en segundo plano, dejando paso a los ingenieros, de modo que los automóviles se volvieron más elegantes y menos ostentosos. Se incrementó la potencia y las prestaciones se convirtieron en la nueva palabra de moda. Dos de las características más definitorias que cambiaron la imagen de los coches de los setenta fueron la inclusión de alerones, que se añadieron para mejorar la estabilidad del vehículo a altas velocidades, y el uso generalizado de franjas similares a las de los coches de carreras, que no aportaban nada al rendimiento real del automóvil pero eran un detalle atractivo para los conductores más jóvenes.

Arriba: Lamborghini Countach, con su alerón en la parte posterior
Abajo: Porsche Turbo

1980 – LA DÉCADA *YUPPIE*

Los años ochenta fueron la década *yuppie*, cuando el descarado muchacho con un corrector dental fue reemplazado por el comedido joven de ciudad. El mercado, una vez liberalizado y sin restricciones, decidió que había mucho dinero, más que suficiente, para fabricar cualquier cantidad de coches rápidos. La velocidad era lo más importante y los ingenieros se alegraron de poder complacer a sus clientes. Al mismo tiempo, muchos compradores de automóviles de gama alta, que habían sido jóvenes en los años sesenta, se preocupaban por el medio ambiente. Querían coches potentes, rápidos y caros, pero también exigían prestaciones de alta tecnología en lugar de fruslerías superficiales. La cultura de lo viril requería automóviles que tuvieran una imagen brutal, a menudo con comodidades espartanas en su interior, pero que ofrecieran grandes prestaciones y que se pudiera disfrutar conduciéndolos. Se inició una nueva era dorada para las carreras de deportivos, considerada por muchos como la más importante de la historia. El prestigio de marcas como Ferrari, Porsche, Lotus, Maserati, Alfa Romeo, Mercedes Benz, Jaguar y Aston Martin se debe en parte a los éxitos obtenidos por sus deportivos en las carreras y los modelos desarrollados por estos fabricantes fueron en muchos casos muy similares en estilo y diseño a las versiones de carreras. Los ingenieros de automóviles también empezaron a utilizar en los turismos materiales ligeros, como el kevlar y la fibra de carbono, que habían sido desarrollados para las carreras de F1, con el fin de reducir el peso y maximizar el rendimiento.

Arriba: Audi Quattro Sport
Abajo: Ferrari Testarossa

1990 – LOS DÍSCOLOS NOVENTA

Para la mayoría de países desarrollados, la década de 1990 fue una época de prosperidad. La estabilidad política y la expansión de la democracia proporcionaron una sensación general de que el mundo iba bien. Aparentemente la riqueza personal iba en aumento y muchas personas pudieron acceder a un nivel de vida más alto. Fue también un periodo de rápido crecimiento en el campo de la tecnología: innovaciones que anteriormente eran vanguardistas pasaron a ser habituales. La industria del automóvil empezó a diversificarse y se presentó el vehículo multifunción, en el que las prestaciones se aunaban con un diseño que en décadas anteriores habría sido considerado más adecuado para un coche familiar. Fue en respuesta a las demandas del mercado, ya que los usuarios de todoterrenos o monovolúmenes no quisieron renunciar a la potencia de que disponían los conductores de deportivos. Los motores de altas prestaciones ya no eran patrimonio de unos pocos fabricantes y todos querían incorporarlos a sus modelos, como las nuevas compañías del Este. Algunos modelos disponían de un rendimiento tremendo; el Corvette ZR1 incluso tenía una llave auxiliar para evitar que un conductor desprevenido diera rienda suelta, sin darse cuenta, a toda la potencia del motor.

2000 – EL NUEVO MILENIO

El amanecer de una nueva era invita a la introspección, la gente mira hacia atrás y se pregunta qué le deparará el futuro. La industria del motor había estado sufriendo un malestar general y buscó inspiración en los años de esplendor del pasado, en una época en la que la vida era más sencilla. El estilo «retro» se hizo popular y los nuevos automóviles a veces recibían nombres que habían sido famosos en el pasado, como el Bugatti Veyron. A pesar de su imagen retro, presentan unas prestaciones y unos niveles de seguridad espectaculares de serie, a los que hay que añadir el uso de una tecnología y unos materiales innovadores. La comodidad de los pasajeros también es muy importante, y a menudo los automóviles incluyen interminables listas de lujosas prestaciones opcionales. La adaptación de los coches a la medida del cliente siempre ha sido popular, aunque ahora es un gran negocio; a cada comprador de un Ferrari Enzo se le invita a la fábrica para que pueda adaptar su automóvil de forma personalizada.

Página anterior: Corvette ZR1
Abajo: Aston Martin Vanquish

ÍNDICE ALFABÉTICO

A

AC Ace 26
   Aceca 26
   Cobra 26, 27, 93, 224
Alfa Romeo 17, 124, 148, 248
   Montreal 29
   SZ 31
   Type 33 29
Alfieri, Guilio 165, 167
Allard J2 33
   K1 33
   P1 33
   Sidney 33
Alvis Crested Eagle 34
   Grey Lady 34
   Silver Eagle 34
   TB 34
   TD21 34
   TE21 34
   TF21 34
Arkus-Duntov, Zora 73
Aston Martin 18, 21, 248
   DB4 35, 39, 116
   DB5 14, 35
   DB6 35
   DB9 Volante 37
   DBR1 27
   DBS-V8 41
   V8 Vantage 41
   Vanquish 25, 39, 251
Auburn 9
Audi 147
   Quattro Sport 42, 248
Austin-Healey 3000 43

B

Barnato, Woolf 17
Bentley 9, 10, 16, 17, 21, 60
   Continental GT 45
   R Type Continental 47
Bertone 29, 109, 122, 124, 140, 142, 144, 150
Birkigt, Marc 16
Bizzarini, Giotto 122, 124, 144
Black, Guy 163
Blomqvist, Stig 42
BMW 10, 18, 26, 45, 122, 185
   2002 Turbo 48
   3.0 CSL 51
   507 52
   M1 53
   Z8 52, 55
Borg-Warner 124
British Leyland 34, 142
British Motor Corporation 43
Bristol, 411 57
   Fighter 59
Brown, David 139
Bugatti 9, 17, 20, 60
   Ettore 20
   Royale 202
   Type 55 17
   Veyron 60, 67, 251
Buick, David Dunbar 61
   Roadmaster 61

C

Cadillac Allanté 62
   Eldorado 62, 64, 243
   NorthStar V8 62
Callum, Ian 129
Carrozzeria Touring of Milan 35, 136, 203
Caterham Seven 67

Chapman, Colin 153, 155
Chevrolet 21, 93, 115
   Corvette 68, 243
      C6 Z06 71, 251
      Roadster 72
      Sting Ray 73
      ZR1 74, 93, 250
Chiti, Carlo 29
Chrysler 300C 75
   C-300 77
Cisitalia 202 Gran Sport 79
Citroën 165
   SM 80
Cole, Ed 21, 68
Cooper, John 186
Cord 9
Crook, Anthony 59

D
Daimler-Chrysler 10
Daimler Conquest 85
   Double Six 82, 85
   Majestic 85
   SP 250/Dart 85
Daninos, Jean 96
Datsun 240Z 87
De Tomaso, Alejandro 91
   Pantera GTS 91
De Virgilio, Francesco 148
DeLorean DMC 12 89
   John Zachary 89, 206
Dodge Viper 59, 93
Duesenberg 9, 20, 202
Durant, Jimmy 61
Dusio, Piero 79

E
Earl, Harley 21, 64, 68, 130, 243
Ebert, Sherwood 223
Edison, Thomas 223
Enever, Syd 180, 181
Excalibur SS 94
Exner, Virgil 77

F
Facel Vega HK500 96, 189
Fangio, Juan Manuel 9, 199
Ferguson-Formula 136
Ferrari 21, 91, 124, 157, 199, 248
   365 GTB/4 Daytona 87, 97, 165
   Barchetta 26
   Berlinitta V12 97
   Dino 246GT 99, 106, 109, 150
   Enzo 21, 101, 109, 189, 251
   F40 101, 102
   Scaglietti 612 105
   Testarossa 106
Fiat 10, 17, 96, 150
   8V 108
   Dino 109
   Spider 109
Fischer, Henrik 55
Flock, Tim 77
Ford 10, 23
   Cosworth 39, 67
   Galaxie 500 110
   GT40 113
   Henry 9, 18, 94
   Model T 9
   Mustang 23, 114, 244
   Skyliner 111
   Sunliner 111
   Tin Lizzy 18
   Thunderbird 77, 115
   Walter 114

G
Gandini, Marcello 140, 142, 144
General Motors 10, 23, 61, 89, 111
Giacosa, Dante 108
Giugiaro 89, 116, 157, 167
Goetz, Count Albert 52, 87
Gonzales 91
Gordon, John 116
Gordon-Keeble GK1 116, 122, 124, 189

H
Hayter, Don 181
Healey
   Donald 43, 138
   Geoffrey 43
Helfet, Keith 127
Hill, Dave 71
   Graham 67
Hillman 10
Hispano-Suiza 9, 16, 203
Hodges, John 27
Honda NXS 118
Hopkirk, Paddy 186
Hudson Commodore 121
   Hornet 121
Hurlock, Charles 27

I

Iacocca, Lee 114
Iso Grifo 122
   Rivolta 122, 124
Isotta-Fraschini 9, 20
Issigonis, Alec 186
Ital Design 165

J

Jaguar 21, 68, 99, 111, 142, 163, 189, 213, 248
   MKII 126
   XJ220 127
   XK 129, 201
   XK120 33, 130, 242
   XK150 52
   XKE E-Type 87, 116, 132
   XKR 134
Jankel, Robert 201
Jano, Vittorio 17, 148
Jellinek, Emil 15
Jensen 10
   CV8 135
   FF 136
Jensen-Healey 138, 157, 228
Jensen Motors 224, 239
Jowett 10

K

Kaiser-Fraser 94
Karmann 228
Keeble, Jim 116
Kimber, Cecil 20
Kirwan-Taylor, Peter 155

L

Lagonda 139
Lamborghini 60, 91, 165, 199
   Countach 140, 177, 246
   Diablo 147
   Espada 82, 142
   Gallardo 143
   Miura 142, 144
   Murcielago 146
Lancia Aurelia 148
   Delta Integrale 149
   Stratos 99, 150, 217
Lapine, Anatole 213
Lincoln 121
Loewy, Raymond 223
Lord, Sir Leonard 43, 180
Lotus Elan 153, 154, 244
   Elise 154
   Elite 155
   Esprit 157
   Europa 158
   Exige 160
Ludgate, Roger 163
Lynx D-Type 163
   XKSS 163
Lyons, sir William 82, 126, 130, 134

M

Marmon 9, 20
Maserati 62, 80, 177, 248
   3500GT 164
   Bora 165
   Ghibli 167
   MC12 169
   Quattroporte 171

Maybach, Wilhelm 15
Mazda RX-7 173
McLaren F1 127, 175
McLellan, Dave 72
Mercedes 10, 15, 17, 21, 94, 199, 248
   230SL 176
   300SL 177
   McLaren SLR 178
MG 20, 21, 43, 68, 138
   A 180
   B 138, 181
   TC 182
   TF 185
   Midget 20
   Roadster 21
Mikkola, Hannu 42
Mini Cooper S 186, 244
Mitchell, Bill 73
Modena Design 199
Monteverdi 375S 189
   Peter 189
Morgan Aero 8 191
   Plus 4 192
   Plus 8 193
Morris 9
   Minor 20
Moss, Stirling 169
Mulliner, H J. 47

N

Nash 121
Nasser, Jac 39
Nearn, Graham 67
Nickles, Ned 61
Noble M12 GTO 195

Lee 195
NSU RO80 197

Olds, Ransom Eli 18
Oldsmobile 10, 18

Pagani, Horacio 199
   Zonda C12 199
Palmer, Jerry 72
Panther DeVille 202
   J72 201
Pegaso Z102 203
Peugeot 15, 16
Pininfarina 62, 79, 97, 99, 102, 105, 109, 118, 171, 181, 221
Plymouth
   Belvedere 204
   Road Runner Superbird 204
Pomeroy, Laurence 16
Pontiac 89
   GTO 206
   Tempest 207
Porsche 21, 53, 248
   356 209
   911 210
   928 213
   959 214
   Ferdinand 21
   Ferry 21, 209
   Turbo 215, 246

Randle, Jim 127
Rapi 108

Redele, Jean 217
Renault 158
   Alpine 217
   Alpine GTA 218
Riley 9
Rivolta, Renzo 122, 124
Roger, Robert M. 77
Rolls-Royce 10, 20, 45, 47
   Camargue 221
   Silver Shadow 45, 221

S

Salvadori, Ray 27
Saoutchic, Jaques 203
Sayer, Malcolm 132
Scaglietti, Sergio 97, 99, 105
Seagrave, Sir Henry 14, 224
Shelby, Carroll 27, 93, 113, 224
SIATA 108
Sloan, Alfred P. 23
Smead, L.W. 115
Standard 9
Stevens, Brooks 94
Stovebolt 6 21
Studebaker 94
   Avanti 223
   Clement 223
   Henry 223
Sunbeam 10, 14, 16
   Tiger 224
Sutz, Bearcat 20

T

Tatra 603 225
Tjaarda, Tom 91

Tojeiro, John 26
Towns, William 139
Toyota 2000GT 87
Tremulis, Alex S. 230
Triumph Dolomite 201
   TR2 227
   TR3 116
   TR4 193
   TR5 193
   TR6 138, 228
Tucker 48, 230
   Preston 225, 230
Turner, Edward 85
TVR Cerbera 232
   Griffith 233
   Sagaris 234

V

Vanguard 9
Vauxhall Prince Henry 16
   VX220 237
Vignale 108, 136, 225
Volkswagen 10, 21, 23, 42, 60, 147
   Phaeton 45
Volvo P1800S 239

W

Wanger, Jim 206
Wankel, Felix 197
Wilkinson, Trevor 232
Wolseley 9
Wyer, John 113

Z

Zagato 31, 35, 108

A
John Hodges

Agradecimientos

Gracias a mi mujer, Fleur, por su ayuda y apoyo mientras escribía este libro, a Marie Clayton por ser una gran editora, a Tim Wright y Kathy Ager de LAT por su excelente documentación de las imágenes y a Alastair Staley por su ayuda en la digitalización de las fotografías. Gracias en especial a Philip Jan *Enzo* van Sandwyk por su colaboración en el proceso de documentación.

Todas las imágenes por gentileza de LAT, excepto las de las páginas 61, 76–77, 94–95, 203 y 206–207, que son por cortesía del National Motor Museum/MPL.